【作者学术成果】

* 2023年省级一流本科课程《翻译理论与实践》

* 2019年度湖北省教育厅哲学社会科学研究项目：中国文化"走出去"时代译者的身份建构，项目编号：19G146

* 2023年度湖北工程学院新技术学院教学研究项目：基于课程思政的外语教育生态体系构建——以湖北工程学院新技术学院为例，项目编号：2023JY07

跨文化交际视野下翻译人才能力培养

周巍◎著

天津出版传媒集团
天津古籍出版社

图书在版编目（CIP）数据

跨文化交际视野下翻译人才能力培养 / 周巍著 .—
天津：天津古籍出版社，2025.1

ISBN 978-7-5528-1440-8

Ⅰ.①跨… Ⅱ.①周… Ⅲ.①翻译—人才培养—研究
—中国 Ⅳ.① H059

中国国家版本馆 CIP 数据核字（2024）第 020630 号

跨文化交际视野下翻译人才能力培养
KUAWENHUA JIAOJI SHIYE XIA FANYI RENCAI NENGLI PEIYANG

周巍 / 著

出　　版　天津古籍出版社
出 版 人　张　玮
地　　址　天津市和平区西康路 35 号康岳大厦
邮政编码　300051
邮购电话　（022）23517902

责任编辑　吴曈曈
封面设计　蒋凯瑞
特约策划　乐编乐读

印　　刷　天津鑫恒彩印刷有限公司
经　　销　全国新华书店
开　　本　710 毫米 ×1000 毫米 1/16
印　　张　12.625
字　　数　155 千字
版次印次　2025 年 1 月第 1 版　2025 年 1 月第 1 次印刷
定　　价　68.00 元

前言

随着全球化进程的加速和不同文化之间交流的增加，跨文化交际和翻译在今天的社会中变得日益重要。在这个背景下，培养具备跨文化视野和翻译能力的人才显得尤为关键。本书旨在探讨跨文化视野下翻译人才的能力培养，为培养具备跨文化交际和翻译技能的人才提供理论支撑和实践指导。

本书总共分为五个章节。第一章介绍跨文化交际与翻译的基础知识，包括交际的定义、特征和模式，以及跨文化交际的特点和重要性。第二章深入研究翻译能力的理论与实践。本章概述了何为翻译能力，并对其进行定义，包括抽象能力与交际能力、知识与技能、专家能力与一般能力以及语言能力和翻译能力之间的关系。第三章重点讨论跨文化交际视野下的翻译人才培养。本章明确了翻译人才培养的目标，并提出培养模式，包括培养机构、培养方式和培养途径。第四章将介绍跨文化交际视野下的翻译教学模式。本章将以词汇、段落和语法翻译教学为例，探讨如何在教学中培养学生的翻译能力。第五章将总结本研究的实践应用和未来展望。本章讨论的是翻译人才培养的实践应用，包括翻译教学的现状、内容与目标，文化差异对翻译人才培养的启示，以及跨文化交际的未来发展趋势，例如技术与跨文化交际的融合、文化多样性的认可和尊重、跨文化交际的全球合作等。

本书撰写目的是为跨文化视野下翻译人才的能力培养提供理论支撑和实践的指导。通过深入研究跨文化交际和翻译的基础知识，探讨翻译能力的理论与实践，以及分析翻译人才培养的模式和教学方法，希望本书能为培养具备跨文化交际和翻译能力的人才做出贡献，这将有助于促进不同文化之间的相互理解和沟通，推动全球化实现可持续发展。

目录

第一章　跨文化交际与翻译基础

一、交际的基本理念

（一）交际的定义

交际这个词来源于拉丁语“Commcine”，意为“共同”“共享”。从这一词源可以看出“共同”和“共享”不仅是交际的前提，而且也是交际的目的。因为通过交际，人们可以获得更多“共同”和“共享”的东西。在同一文化中的人们在很多方面都有共性，因此可以进行有效的交流，而来自不同文化中的人们由于共同拥有和共享的东西不多，所以交流的时候会产生障碍。跨文化交际就是要使不同文化背景中的人们相互了解，获得更多“共同”和“共享”，从而消除交际过程中的障碍。

勒斯蒂格和科斯特将交际定义成人们运用符号创造共享意义的过程。这个定义强调的是“共享意义”对交际的重要性。关世杰也采取了类似的定义，他将跨文化交际中的交流定义为“信息发送者与信息接受者共享信息的过程”。贾玉新把交际看成是交际符号的过程，一个动态多变的编译码过程[①]。当交际者把意义赋予言语或非言语符号时，就产生了交际。他认为，交际受制于文化、心理等多种因素。但交际不一定以主观意识为转

---

① 贾玉新．跨文化交际学 [M]. 上海：上海外语教育出版社，1997.

移，也有可能是无意识的和无意向的活动。美国传播学家理查德·波特和拉里·萨默瓦着眼于反应者的反应，将交际定义为：任何人对于其他人的行为或行为遗迹的反应及过程[①]。所谓的行为遗迹，就是包括纸条、书籍、图画等在内的一切由行为所造成的结果。根据这个定义，交际不但可以“共时”，还可以“历时”。书信的往来、书籍的阅读也可以被看作是交际，这种定义的范围比较宽泛，对于本研究并不适合。

（二）交际的特征

1. 交际是一种使用符号来传递意义的过程

符号可以是词语、动作或物品，它们代表着一定的意义。一句话可以被视为一个符号来表达意义，同样，一个动作、一朵花或一面国旗也可以成为表达意义的符号。符号之所以能够传达意义，是因为一个社会群体的成员已经对其达成了相对一致的共识，即对于符号所代表的意义有着共同的理解。尽管如此，同一个符号对于不同人可能存在着略微不同的含义。然而，在同一个文化背景下的人们对于某一符号的理解通常是相似的，因此他们之间的交流比较容易进行。然而，在不同文化的人们之间，对于同一个符号可能会有完全不同的理解，这可能导致交流障碍。由于文化背景、语言习惯和社会经验的不同，同一个符号在不同文化中可能会被赋予截然不同的意义。因此，跨文化交际时需要注意这些差异，以避免误解和沟通障碍的产生。总的来说，交际是一种运用符号来传递意义的过程。符

① 韦尔伯·施拉姆，威廉·波特．传播学概论 [M]．何道宽，译．北京：中国人民大学出版社，2010．

号之所以能够传达意义，是因为社会群体内部已经对其形成了一致的意义共识。然而，在不同文化中，对于同一个符号的理解可能存在差异，这需要我们在跨文化交流中加以注意和理解。

2. 交际是传送和解释信息的过程

信息是由一系列符号构成的，这些符号组合起来形成了有意义的符号群。一句话由多个词语构成，每个词语都是一个符号，而整句话所传递的就是信息。信息的传递是将思想、情感或态度等转化为他人可以理解的形式的过程。传递的形式可以是书面的，也可以是非言语的，甚至可以是数学符号或音符。解释信息是根据特定的环境理解信息所承载的意义。信息本身是无法直接传递意义的，因为意义是建立在对信息的理解基础上的。不同的人对于同一信息不可能有完全一样的理解。因此，不同的交流者对于同一信息会有不同的理解，同时信息的传送者和接受者对于信息也会有不同的理解。对于信息理解的差异将决定交际过程是否顺利，是否成功。如果传送者和接受者对于信息的理解存在较大差异，那么交流就可能会遇到较大的障碍。在交际中，信息的传递和解释并不是一个静态的过程，而是不断变化的。信息的解释者可以成为下一个信息的传送者，而信息的传送者也可以成为信息的解释者。交际过程一旦完成，就是不可撤销的。总体而言，交际是一个动态的、不断变化的过程，其中信息的理解差异对于交际的顺利与否起着重要作用。

3. 交际包括共享意义的获取

意义的确定是一个复杂的过程，受到社会中众多因素的影响和制约。意义不能直接被传递，而是通过信息传递过程中的共享和解释而获取。在信息传递意义时，交际双方的价值观、文化取向、社会地位，以及交际发生的场合和时间等因素都会影响意义的确定。发送者在发送信息时需要考虑到信息发送的环境、方式、渠道等因素，将自己想要表达的意义经过编码赋予一组符号串（信息）。这些符号串可以直接被接收者接收，但只有通过解码才能获得意义——尽管在解码过程中可能存在一定的误差，但仍然可以被视为发送者和接受者所共享的意义。因此，交际可以被看作是信息发送者与接收者之间共享意义的过程。在这个过程中，意义通过相互理解和解释的交互作用而形成，双方共同参与其中，共享对信息的理解和意义的构建。这强调了交际中意义共享的重要性，同时也反映了交际的复杂性和多样性。

4. 交际活动是有规律可循的，交际者对交际行为的结果是有预期的

言语交际需要遵循语法、语用和语篇规则，而非言语交际也需要遵循社会文化规则。在同一文化中的人之间，由于共享这些规则，交际相对容易进行。相对的，在不同文化之间进行交际时，由于规则的不同，交际变得困难。然而，只要掌握了这些规则，跨文化的有效交际是可以实现的。交际活动的规律性使得交际者能够根据这些规律来预测交际行为的结果。这种预测可以是有意识的，也可以是无意识的，这取决于对交际者交际规则的掌握程度。预测的准确程度取决于交际者对有关交际因素的了解程度。换句话说，对交际规则和相关因素的了解越多，预测能力就越强，交际就越有成效。在同一文化中的人之间进行交际时，因为遵循相同的规则，预测交际结果较为容易。然而，在不同文化的人之间进行交际时，可能存在两套规则或者一方对另一方的规则不太熟悉的情况。这样的情况会导致交际者在预测交际结果时遇到困难，甚至导致交际结果出乎双方的预料，从而导致交流障碍的产生。因此，了解交际规

则、文化差异和相关因素以及跨文化交际的技巧和策略，对于促进有效的交际和克服交流障碍至关重要。

（三）交际的模式

信息的交际大概可以分为三个主要层次：人际交流、组织交流和大众传播。有的学者将其分为四个层次——在人际交流和组织交流之间加上了群体交流[①]。本研究中所涉及的交流主要是人际交流。

最早提出信息交际模式的是美国的政治学家哈罗德·拉斯维尔[②]。他在1948年提出了5W的模式。（图1）

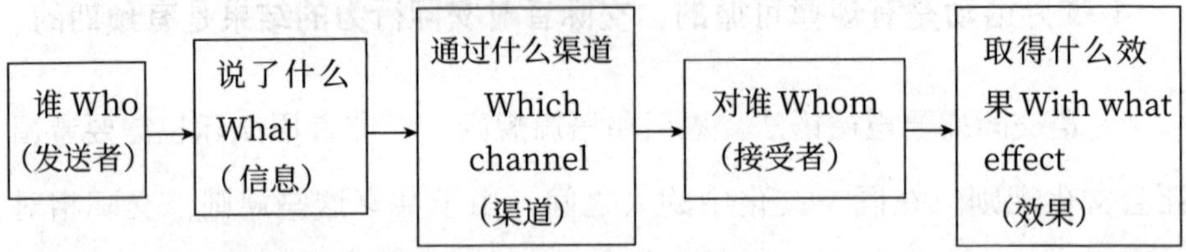

图1　拉斯维尔传播模式

虽然该模式比较简单直观，但至今仍是指导人们交际的方便的综合性方法。这种方法比较注重传播的效果，认为任何交际都是有效果的。但这种模式没有考虑到交际的双方和接受方的反应和反馈。此后，克劳德·艾尔伍德·香农于1949年提出了关于传播的“数学模式”。这个模式对于解释传播行为的基本要素方面是有用的。许多学生都是按照 SMCR 即信源（Source）——讯息（Message）——信道（Channel）——接收器

① 关世杰．跨文化交流学：提高涉外交流能力的学问 [M]. 北京：北京大学出版社，1995.

② 哈罗德·拉斯维尔．社会传播的结构与功能 [M]. 何道宽，译．北京：中国传媒大学出版社，2013.

（Receiver）这一模式来理解人类传播[①]。然而，香农的模式也没有摆脱线性模式缺乏反馈的批评。1966年，梅尔德·德弗勒发展了香农的模式，加入了另一组要素以显示出信源是如何获得反馈的，德福勒的模式加入了大众媒介的设施，更为适合描述大众传播。

1954年，韦尔伯·施拉姆在查尔斯·埃杰顿·奥斯古德的观点基础上，提出了自己的环形交际模式[②]。环形交际模式将人际交流分为五个主要要素：发送者、接收者、信息、媒介和反馈。这五个要素被认为是相互关联且相互影响的，形成一个循环的过程。在这个模型中，发送者将信息通过某种媒介传递给接收者，接收者收到信息后会给予反馈，反馈又会影响发送者的下一步行为。这个模式强调了人际交流是一个动态、循环的过程，而不仅仅是单向的信息传递。

二、跨文化交际的重要性和特点

（一）跨文化交际的必要性

作为人类的一种社会活动，跨文化交际由来已久。一国之内不同种族之间的交流与通婚，人们到全球各地的经商、传教和探险都是在进行跨

① 许静．传播学概论 [M]. 北京：清华大学出版社，2007.

② 韦尔伯·施拉姆．美国传播研究的开端：亲身回忆 [M]. 王金礼，译．北京：中国传媒大学出版社，2016.

文化的交流。中国古代“丝绸之路”的开辟、佛教的传入、郑和下西洋，以及近代的“西学东渐”和五四运动时期广泛吸收西方文化，都是跨文化交流的突出例子。但是在过去漫长的历史中，大多数人生活在有限的空间内，跨文化交流并不是普遍的现象。人类频繁而大规模地进行跨文化的交流只是近几十年发生的事情，特别是进入21世纪以来，跨文化交际更成为人们生活中不可或缺的一部分。如此广泛而深入的跨文化交际主要受到以下因素的影响：

1. 交通和通信技术的发展

科学技术的进步改变了人类交往的方式和频率。特别是近几十年来，交通工具和通信技术的发展大大缩短了人们之间的时空距离。各种交通工具如飞机、火车、汽车的方便和快捷使人们到不同国家和地区进行政治、经济、文化活动和旅游观光成为很平常的事情。如此一来，人们与不同文化背景的人或事接触的频率便大大提高了。而通信技术的发展，无论是卫星电视还是互联网，都把世界各地所发生的事情几乎是同步地展现在人们面前，让人们足不出户就能知道世界各地发生的新闻，同时了解生活在不同文化环境中的人们的生活方式。而E-mail、Skype、Facebook、 Twitter等即时通信工具和社交网络的普遍使用，使远距离的人们也能方便地进行交流，提高了不同文化的人群之间交流的便利性。总之，科学技术的发展使跨文化交际已成为人们日常生活的一部分，如何有效地进行跨文化交际已成为人们普遍面对的问题。

2. 经济的全球化

经济的发展向来是影响人们生活方式和交往方式的非常重要的因

素。跨文化交际的发展与目前经济的全球化有很大关系。经济全球化的最主要特征是全球经济的互相关联和互相依存，每个国家的经济发展越来越依赖国际大环境和地区间的合作与互补。遍布世界各地的跨国公司、合资公司、合作项目的存在，促成了不同文化背景的人们在工作环境中进行跨文化交流。为了提高工作效率，员工需要学会与不同文化背景的上司、同事和客户进行有效交流的方式。而公司也必须了解来自不同文化背景的客户的特点和需求，有针对性地开展商务活动。例如，现在西方国家的许多商店就专门雇用懂汉语和中国文化的职员为中国游客提供服务。由此可见，全球化的经济活动促进了跨文化交流的深入和广泛发展。

3. 人口的流动

世界范围内的人口流动是促进跨文化交流的另一个原因。例如，为了躲避战争或出于经济等原因，人们移民到别的国家，这样的人口流动使接受移民的国家形成了文化的多元化格局。如何适应新的国家的文化环境，如何尽快融入其主流文化，如何与不同文化背景的人们和谐相处，是新移民面临的现实问题。而如何化解不同文化背景的人们之间的误解和冲突也是移民国家的政府所面临的挑战。特别是像美国、加拿大、澳大利亚等移民国家，人口结构的多元化使跨文化交流成为个人和政府都极为关注的问题，这也是跨文化交际学科在美国兴起和发展的原因之一。

4. 广泛的国际交流与合作

当前国际的文化交流日益频繁。很多人到别的国家旅游、留学或从事各种形式的文化交流活动。中国的汉语教师到海外任教，中国学生到海外留学，外国人在中国学习汉语和中国文化，都是国际文化和教育交流的例子。这些文化的旅居者到别的国家并不是以移民为目的，也没有融入当地主流文化的迫切需要，但是他们需要适应新的文化环境，与当地人进行有效的沟通和建立良好的人际关系。他们在新的环境中常常会由于语言和文化的不同而产生心理上的不适或者交际上的障碍，感受到“文化休克”。如何在短期内适应新的文化环境，提高跨文化交际能力，就成为这些旅居者所面临的重要课题。另外，面对全球变暖、环境恶化、恐怖主义、区域性领土争端等世界性难题，不同国家和文化的人们需要进行广泛而深入的对话与合作。不同文化背景的人们只有具备了国际化的视野、开放且宽容的态度和良好的跨文化沟通技能，才能让这个世界变得更和平、更美好。

（二）跨文化交际的定义

跨文化交际既是指一种人类的社会活动，又是指一门关于研究跨文化交际活动的学科。在这里，我们首先分析跨文化交际作为一种社会活动的特点。什么是跨文化交际？首先我们需要给它下个定义。以下是几个比较常见的有关跨文化交际的定义：

1. 跨文化交际是指那些其文化观念和符号系统的不同足以改变交际事件的人们之间的交流。（拉里·萨默瓦）

2. 跨文化交际是一种交流性的和象征性的过程，涉及来自不同文化背景的人们之间的意义归因。（威廉·古迪昆斯特、金英云）

3. 跨文化交际就是不同背景的人们之间的交际。（胡文仲）

4. 跨文化交际是来自不同文化背景的人们之间符号性交流的过程。有效的跨文化交际的目标是在交互的情境中给不同的个体创造共享的意义。（丁允珠）

在以上这几个跨文化交际的定义中，胡文仲的定义最为简洁，丁允珠的定义最为全面。以上的定义归纳了跨文化交际的几个重要特点：跨文化交际是不同文化背景的人们之间的交流，跨文化交际是通过象征符号来实现的，跨文化交际是一种动态的过程，跨文化交际是一种双向的互动，跨文化交际的目标是创建共享的意义。

跨文化交际是不同文化背景的人们之间的交际。这里的跨文化交际实际上包含着两个层面：一个层面是指不同国家和不同民族的人们之间的交际，例如中国人与日本人、美国人、阿拉伯人之间的交际是跨文化交际；另一个层面是指同一个国家或民族中，不同性别、年龄、职业、地域的人们之间的交际，这也是跨文化的交际。例如男性和女性之间的交往就可以被看作是一种跨文化的交往，美国社会语言学家黛博拉·坦宁写了一本《你怎么就是不明白》的书，专门探讨男女之间交际的特点并分析误解产生的原因。她认为男性侧重信息的传递而女性侧重建立和谐关系的特点，使男女之间的交际存在着很多误解。在中国，南方人与北方人、脑力劳动者与体力劳动者、老年人与青年人之间的交际其实也都构成了跨文化的交际。美国不同族裔的人们之间的交流也是跨文化的交际。胡文仲认为，在某种意义上，不同人群之间的交往都是跨文化交际[①]。

（三）跨文化交际的特点

1. 跨文化交际主要指人与人之间面对面的交际

虽然跨文化的交流包括国家之间的交流、组织之间的交流和人与人之间的交流，但是跨文化交际更多地侧重人际交流的层面，特别是人与人之

① 胡文仲主编．跨文化交际面面观 [M]. 北京：外语教学与研究出版社，1999.

间面对面的交流。米尔顿·贝内特就强调指出，跨文化交际主要是指不同文化背景的人们面对面的交流。面对面的交流既包括了语言交际也包括了非语言交际，而且是一种双向交流和互动的过程。这也是为什么早期的跨文化交际研究特别关注非语言交际，而不太关注大众传媒的原因。因为传统的大众传媒是一种单向的交流，是传播与接受的关系，缺少面对面交流的互动性。

2. 跨文化交际中涉及诸多差异性

跨文化交际是不同文化背景的群体之间的交往，因此涉及了诸多差异性。陈国明指出跨文化交际的特点之一就是差异性①。跨文化交际涉及深层文化，如文化传统、价值观、信仰、态度等方面的差异；也涉及行为方式和习俗方面，如手势、衣着、语言使用的差异。另外，跨文化交际还涉及个人文化身份和社会角色方面的差异，如性别、年龄、职业、地域等方面的不同。这些存在差异的因素相互作用，影响了跨文化交流的过程和结果。如一位中国的中年女教师与一位拉美文化背景下的高中男生进行跨文化交际，这不仅涉及宗教信仰、价值观、交往方式等方面的差异，而且还涉及性别、年龄、社会角色、个性等方面的差异。

3. 跨文化交际容易引起冲突

由于语言、交际风格、非语言行为、思维模式、社会准则、价值观等方面的差异，跨文化交际很容易产生误解和冲突。陈国明认为差异性是导

① 陈国明 . 跨文化交际学 [M]. 上海：华东师范大学出版社 , 2009.

致跨文化交际出现冲突的主要原因。

4. 跨文化交际的误解和冲突大多属于“善意的冲突”

虽然跨文化交际充满了冲突性，但是许多冲突往往不是出于人们恶意的动机，而是来源于人们美好的愿望。本民族的文化中得体而礼貌的行为到了另一种文化中可能会成为无礼的举动，善良的意图可能会产生意想不到的误解和不愉快。布里斯林把这样的误解叫作“善意的冲突”。曾有个例子，一个美国女学生出于好意把泰国室友洗干净的内衣和袜子叠放在她的枕头上，结果这个泰国女生觉得受到了侮辱，一定要搬离宿舍，因为在泰国人看来，头部是神圣不可侵犯的，把内衣和袜子放在枕头上是一种冒犯。跨文化交际中的大多数误解和冲突都属于这种“善意的冲突”，而不是人们有意地伤害别人。

5. 跨文化交际常常引起情感上的强烈反应

跨文化交际是一种很容易造成心理紧张的活动。人们经常提到的“文化休克”就是形容在跨文化交际中产生的心理反应。由于跨文化交际是不同文化背景的人们之间的交际，交际的过程和结果都充满了模糊性和不确定性，而这种模糊性和不确定性容易使人产生心理上的焦虑。威廉·古迪孔斯特与金英云用与陌生人的交往来形容跨文化交际，而威廉·古迪孔斯特的“焦虑管理理论”就是针对跨文化交际过程中个体的心理特点提出的。

6. 跨文化交际是一种挑战，更能带来收获

跨文化交际是一种挑战。因为跨文化交际中充满了误解、失败甚至冲突，所以成功的跨文化交际不是一件容易的事情。但是跨文化交际又是一种能给人带来深刻变化的活动，这些都是赢得挑战后得到的收获。跨文化交际的经历使人们具有更开阔的视野、更丰富的阅历、更成熟的性格、更复杂的思维、更宽容的态度。许多有过出国经历的汉语教师都表示，跨文化交际的经历给他们的人生带来了积极的影响，不仅使他们变得更加独立，具备更强的适应能力和交往能力，更重要的是使他们更深刻地感受到世界上存在着不同的生活方式，并且学会了理解和欣赏这种文化的差异。

三、翻译在跨文化交际中的作用

人与人之间的交流，文化与文化之间的传播，都离不开语言。语言成就了世界，传播缩小了世界，翻译却沟通了世界。作为一种社会实践活动，翻译既是跨语言的，又是跨文化的，同时还具有传播性。从跨文化传播意义上讲，翻译是桥梁，是纽带，是黏合剂，也是催化剂。它可以传递思想、丰富语言、开发智力、开阔视野，从其他语言文化中汲取对本族语言文化有益的成分，从而变革文化，发展社会，推进历史演进。翻译可以

把人类社会不同文明推向更高的层次和发展阶段。

（一）翻译是一座跨文化交际的桥梁

众所周知，翻译是人类社会迈出相互沟通理解的第一步。无论是东方社会还是西方世界，一部翻译史，就是一部生动的人类社会跨文化传播交流与发展史。随着全球经济一体化步伐的不断加快，世界各国间的科技、经济、文化等领域的交流日渐频繁，对翻译的需要越来越多，翻译的重要性也业已凸显。另外，人类社会越发展，越体现出一种开放与交流的精神，越不能故步自封。而人类社会要想走出封闭的天地，首先必须与外界进行接触，以建立起交流的关系，向着相互理解共同发展的目标前进。自从人类有语言文化、习俗风尚以来，各民族之间为了传递讯息、交流文化，没有一桩事不是凭借翻译来达成的。翻译恰如一座桥梁，把两个相异的文化连接起来，在不同文化之间的交流过程中扮演着至关重要、必不可少的角色。著名诗人歌德就一直呼吁要打破国界，积极进行不同民族文化间的交流。在他看来，翻译在人类文化交流中起着“至关重要的作用”——不仅起着交流、借鉴的作用，更具有创造的功能[①]。当然，就现实而言，歌德之所以能成为世界性的歌德，他的文学生命之花之所以能开遍异域，也正是靠了翻译这座桥梁。

（二）文化翻译产生翻译文化

文化是社会经验，是社会习得，它只能在社会生活的实际交往中完

---

① 许钧，穆雷．翻译学概论 [M]. 南京：译林出版社，2009.

成；文化又是历史传统，是世代相传、不断延续的结果。文化帮助我们知道过去、认识现在、明白将来，推动社会有序地向前发展。所以，文化是动态的，是处在不断的传播之中的，而文化又是多元的，它的传播不是单向、封闭的，而是多维的、交叉的。一个民族的语言能折射出这个民族纷繁多彩的文化形态，所以文化信息传播不仅是物质文化形式的引入，更主要的是价值观念、思维模式社会心理、感情传达等精神文化层面的相互接触与认识、选择与吸收，同时也涉及各文化层面上错综复杂的关联以及深层次的转化与变异。在异语文化传播中，文化是翻译传播的内容，翻译传播是文化的羽翼，异质文化借翻译而传播、交融和延续。

人类社会的发展史是一部各种文化不断相互融合的翻译的历史。多样的文化造就了五彩缤纷的现实世界，而翻译则打通了不同文化社会之间的隔阂，形成了一种文化信息与另一种文化信息的交流互动，推动了世界文化的共同发展，创造了共享的人类文明。跨越文化障碍而进行的文化信息的传递过程，是人类社会所特有的活动，需要借助符号进行思想交流和文化传播。翻译作为跨文化传播的中介，参与文化符号的解码和编码活动，因而同时具有文化和传播的双重性质。翻译的过程本身，既是文化行为，又是传播活动，是发生在语际交流过程中的跨文化信息的传播。翻译活动一方面受译者自身知识范围、经验、世界观、价值观等因素的制约；另一方面又受其所处社会、文化环境的制约，体现了民族文化的特色。文化翻译的结果是产生翻译文化。所谓“文化翻译”，简而言之，一方面就像“文学翻译”或“文化创作”等概念一样，仅仅是指一种文化传播行为；另一方面是指对文化进行翻译的活动，是一个对异语文化进行移译的动态的过程。所谓“翻译文化”，它是“文化翻译”的结果。也可从两个层面理解：一是指以翻译理论和实践为研究对象，并在对其进行研究的过程中所产生的文化，包括翻译标准、翻译方法、翻译批评等一系列和翻译研究有关的内容；另一方面是从跨文化传播意义上进行理解，是指通过翻译而输入的源语文化或外来文化，以及该源语文化在与目的语文化融合后而产生的文化，即“第三种文化”，或“杂合文化”。这个过程是从输入到融合再到发展，从简单到复杂，从初级到高级，从一元到二元甚至多元。其实从文化翻译到翻译文化的过程，就是跨文化传播视野下从翻译开始到翻译产生效果后翻译功能的实现过程。

（三）翻译传播的社会文化功能

翻译的功能主要体现在社会文化层面。社会的变革和文化的发展往往和蓬勃开展的翻译活动有关。翻译可以引发对特定文化乃至社会制度的“颠覆”，也可以助推不同文明向前演进。古罗马的希腊文学翻译导致了拉丁文学的诞生，五四时期的西学东渐及大规模翻译活动促进了现代白话文的形成和发展，并进而推动中国社会历史进程突飞猛进，这些无疑都是体现翻译的社会文化功能的最佳佐证。

在全球化时代，信息传播与大众传媒的崛起使全球化与文化全球化休戚与共，翻译无疑是跨文化的信息传播，同时也是信息跨文化传播的必备工具与渠道。因而在全球语境下的翻译研究必须摆脱狭窄的语言文字层面的束缚，将其置于一个文化全球化的跨文化语境之中。何况，研究翻译本身也是一个跨文化的问题，尤其涉及多种文化互动关系与比较研究。翻译研究的兴衰无疑也与文化研究的地位如何有着密切的关系。如果我们承认跨文化研究算作一门新兴的跨学科研究的领域的话，那么，以语言转述和文化阐释为特征的翻译研究也应该成为一门独立的人文社会科学分支学科。在跨文化传播研究的大语境下，研究翻译自然也成了一种跨文化现象与活动。由于翻译历来就是一种跨文化传播与文化阐释的重要手段，在人类社会历史文化发展过程中，它的功能也是任何人工智能都不能取代的。

1. 翻译传播促进文化整合

翻译传播具有对异质文化的整合机制。我们说文化是整合的，指的是构成文化的诸要素或特质不是各个成分的随意拼凑，而是在大多数情况下相互适应或磨合共生的[①]。人类文化的交流和传播，是促使文化整合、生成新的文化结构和文化模式的关键性因素。人类发展的历史可以说就是不同文化通过翻译不断整合的历史。在文本翻译中，文化信息整合的结果是使译文富有他种文化的气质、意象或意境。在整合过程中，需要将文化信息载体，如语言、场景、事件、气氛等各种语境的组成部分进行充分的了解、识别并进行重组。这就要求译者必须具备敏感的跨文化意识和文化信息感应能力，使翻译效果得以充分体现。另一方面，翻译文化在目的语社会环境的传播过程中，也会与目的语社会文化因素接触，通过碰撞、冲突、交融的方式达到整合，最终产生新的文化因素和面貌。一般而言，通过翻译而实现的文化整合是不同文化的兼容和重组，是异质文化之间彼此吸收、借取、认同并且趋于一体化的过程[②]。

---

① 王建开．中国当代文学作品英译的出版与传播 [M]. 上海：复旦大学出版社，2020.

② 孙英春．大众文化：全球传播的范式 [M]. 北京：中国传媒大学出版社，2005.

2. 翻译传播促成文化增殖

所谓文化增殖是文化在质和量上的一种“膨胀”或放大，是一种文化的再生产和创新，是一种文化的原有价值或意义在传播过程中生成一种新的价值和意义的现象。一种封闭、保守、落后的文化，一种缺乏创新性的文化是不会增殖和再生的，这种文化必然会随着历史的发展而被淘汰出局。翻译引入其他民族的文化，增进本民族的文化，从而促进本民族文化的繁荣与发展。另外，跨文化翻译传播的结果不是 1+1=2这种简单的运算，不是甲文化和乙文化简单相加的结果，它会产生非算术相加所能得到的效应，同时还会激发人们追求更多的知识和信息的兴趣和无穷的创造力[①]。因此，它可能是甲乙文化融合后产生的催化反应，其结果可以使其中一种文化性质以及该文化所处的社会发生根本性的变革。可见翻译传播是形成、保存和发展人类异语文化的必由之路。翻译传播又赋予译入语文化以新的生命活力，实现了异语文化的增殖。

3. 翻译传播形成文化积淀

翻译文化传播使源语文化财富在译入语文化中被承接和传播开来，成为译入语社会不断积累的文化遗产，使异语文化在历史长河中得以堆积和沉淀，这种文化的承继和发展便是文化积淀。翻译文化传播的时间越久远，在译入语社会的积淀就越深厚。这种文化的积淀不仅是简单的由上一代文化机械地传递给下一代的历时性过程，而且也是在传播过程中不断吸收外来优秀文化的共时性的创造过程。异语文化积淀促进了

① 邹振环 . 译林旧踪 [M]. 南昌：江西教育出版社，2000.

人类文明的共同进化和发展，比如古代印度辉煌的佛教文化在其自己的故土早已沉沦，却通过佛经翻译活动在中国得到保存，并找到了生存、发展和积淀的环境，成为中国文化重要的一部分。

4. 翻译传播推进文化变迁

文化变迁是指世界上任何一种文化都处在动态的发展和变化之中，都不同程度地经历着产生、发展、变化、衰退和再生的过程。翻译传播使异语文化成为连续的机体并不断发生改变。翻译的跨文化传播则是异语文化变迁最普遍的也是最根本的原因。譬如说，得益于西方民主和科学思想在中国的传播，20世纪初中国发生的五四运动和新文化运动是中国近现代社会的一次大规模的文化变迁。中国文化在经过了五四运动和新文化运动洗礼之后，不仅接受了近代西方民主与科学思想的传播，更重要的是接受了马克思主义在中国的广泛传播，为建构一种新的社会文化模式和文化体系提供了必要条件，从而使中国文化实现了从半殖民地半封建文化向社会主义文化的跨越，开创了中国文化发展的新视野和新境界。再如，古罗马文化不仅仅继承和发扬了古希腊文明，更重要的是，随着罗马帝国的向外扩张，它把同一种文明传播推广到整个欧洲大陆，使欧洲各国结合各自的文化语境以自己独特的方式发生着变化。由此可见，跨文化的翻译传播为社会文化的创新与发展提供了强大的推动力。纵观人类社会文化发展的历史，虽然引起异语文化变迁的原因是多方面的，但其中最普遍也是最根本的原因就是跨文化的翻译传播。

虽然有时翻译对译入语文化也会产生负面的消极的影响，此时外来的翻译文化也会消融人的意志、腐蚀人的精神，但总体而言，蓬勃的翻译活动和兴盛的翻译事业，往往带来的还是译入语社会的进步和文化的繁荣。丰富多彩、形式各异的外域文化通过译介活动为译入语带来新的活力元素，促进译入语国家和社会文化的发展和繁荣。翻译属于跨文化传播活动，本质上拥有跨文化传播的所有属性、特点和功能。因此在跨文化传播中引介异语文化，对促进译入语文化的创新和发展起着关键的作用。如此也可以把本土文化置于更为复杂广泛的外来文化背景中去审视，同世界文明进行对话和交流。这有利于译入语文化新思维的拓展，而思维的拓展必定会改变原有的思维定势，从而引发新的创造甚至革命。翻译也能够催生强大的力量，通过社会运动的方式，影响和变革译入语社会，驱动译入语社会历史和文化向前推进。实事证明，翻译在世界文明进程中扮演着重要而独特的角色，和人类文化的积累、社会的发展及文明的进步是紧密结合在一起的。

四、翻译和跨文化交际的关系

翻译的本质是一种跨语言、跨文化的交流行为，它涉及将一种语言（源语）的信息准确、完整地转换成另一种语言（目标语）。这个过程并不仅仅是语言文字的对应关系，更重要的是对源语文化背景的深入理解和对目标语文化背景的准确把握。这就需要译者具有丰富的跨文化交际经历，能够充分理解并精确地掌握两种文化中的含义和表达方式。跨文化交际，是指来自不同文化背景的人们进行的交际活动，它强调的是文化的相互理解和接纳。跨文化交际能力的培养是一个逐步获得对他人文化的理解、尊重并有效沟通的过程。翻译作为一种重要的跨文化交际手段，能够帮助人们突破语言障碍，更好地理解和接纳不同的文化。总的来说，翻译是跨文化交际的一种重要手段，而优秀的跨文化交际能力则是翻译的必要条件。

跨文化交际在翻译中的应用应该转化为读者意识、读者关怀、文化翻译、翻译方法、价值取向、风格取向等等。比如：当中国人请客人来家里吃饭时，主人经常会说：饭菜不好，请多包涵！如果翻译成英文，直译为：These dishes are not good. Please make do with them! 我们在做翻译时，如果这样直译的话，外国人会认为很奇怪，觉得主人并没有真心招待客人，没有用心准备饭菜。其实这只是中国人的一种谦虚的说法，而外国人就会误解，应该考虑到文化因素，翻译成：These are the best dishes we can prepare.Please help yourself！这样，文化信息就得到了正确的传达。而当一位西方人请客人来家里吃饭时，主人会说：We are offering the best food. 或者 This is the best we have for the season. 尽管在中国人看来饭菜也许并没有那么好吃，但是西方人会尽量表达出他的热情，他为饭菜而做出的努力。另外一个例子，中国人为表谦虚，常说：我没有经验。直译为：I have no experience. 这种话会被西方人理解为能力不足，贬低了个人价值，常用的表达方式是：I do not know much about that. I am not really an exper tin this area. 这种说法就比较委婉，没有否定个人价值，而是表达了自己还是有这方面的知识，只是并不专业，可以在今后的工作中继续学习。比如你去应聘教师就可以这样说：也许你自己没当过教师，可是作为学生，你听过老师的课，听过老师如何教学，所以对于教学，你还是有知识储备的。可以看出，翻译和跨文化交际是紧密联系的，作为译者，平常要注意积累。在翻译中，应遵循两大跨文化交际原则，第一是文化顺应，第二是文化传播。

（一）语言、世界观与思维之间的关系

语言反映并影响人们的世界观这一思想已经得到很多语言学家和哲学家的论证。德裔美国文化人类学家弗朗茨·博厄斯根据自己对因纽特人和印第安人语言与文化的研究，提出了著名的文化相对论和语言相对论的观点[①]。每种文化都是其社会生活发展的产物，满足该文化群体的生活和精神需要，因此不能用好坏的标准来加以评判。同样，每一种语言都有其独特的划分世界、区别体验的词汇和方法，一方面，这种语言特点的形成是由其地理、历史、社会等客观因素决定的；另一方面，这个语言体系又反过来影响该语言群体的人们对世界的感知和理解。

弗朗茨·博厄斯对因纽特语言中“雪”的词汇的论述成为理解语言、文化和思维关系的经典和标准的参考。他的学生路易斯·克罗伯和爱德华·萨丕尔发展了他的理论，尤其是萨丕尔和沃尔夫共同建立的萨丕尔-沃尔夫假设引起了广泛的关注和争议。他们着重研究语言与世界观的关系，强调语言对思维和文化的作用。在他们看来，“真实的世界”在很大程度上建立在语言习惯的基础上，即我们的语言习惯决定和影响了我们对世

① 弗朗茨·博厄斯.种族、语言与文化[M].余华，译.上海：上海译文出版社，2022.

界的感知。每种语言反映不同的社会现实。目前，对于语言和思维及文化之间关系的一个共识就是：语言是理解世界的向导，但并不是唯一的决定因素。

（二）语言和文化关系的研究

关于语言与文化的关系问题，学术界提出过多种观点，其中有代表性的有萨丕尔-沃尔夫假设，他们认为语言结构是文化结构的本源和决定因素；与之针锋相对的马克思主义的观点认为，社会文化结构是语言的决定因素；格里姆肖的《社会语言学》则认为，语言结构和社会文化结构互限；乔姆斯基的学说认为，语言结构和社会文化结构都是受第三种因素，诸如人的本质、人脑结构、人类思维特征等决定的[①]；实证主义则认为，语言结构和社会文化结构之间只有伙伴关系、相关关系，而无因果关系。此外，尚有语言是文化的载体说、语言与文化的基本特征一致说、语言是文化传播的工具说，等等。语言究竟是什么？普通语言学认为，语言是由词汇和语法构成的系统。这是对语言的本质所下的最基本的定义。不过，如果从社会语言学、历史语言学、文化语言学等角度来看，我们又会得出各种不同的解释。可见，要对语言下一个大家都认可的定义并非易事。实际上，人们对语言本质的认识也有一个漫长而复杂的过程。在人类的早期，经历了一个万物有灵的泛神论阶段，人们崇拜很多神灵。语言虽然存在于社会生活中，却是既看不见，又摸不着的，而它在人们生活中又十分重要。因此，带有神奇色彩的语言就顺理成章地被人们视为一种神了。如信

① 诺姆·乔姆斯基.语言与心理[M].牟小华，侯月英，译.北京：华夏出版社，1989.

奉印度婆罗门教的人就把语言当作一个伟大的神灵加以崇拜。即使到19世纪科学语言学产生之后，语言仍被做出种种不同的解释。如历史语言学家把语言看作一种机械现象或自然界的有机体，结构主义语言学认为语言是一种符号体系，乔姆斯基则把语言当作人脑的先天机制。这些看法有一个共同点，就是都没有看到语言与社会、文化之间的关系。从严格的意义上说，语言的本质属性与人的本性是密不可分的。人与动物的根本区别在于人有社会性，而动物没有。人的社会性又集中表现在语言和文化方面，因而语言和文化是人类社会活动的特有产物。换言之，人只有在创造语言和文化的社会活动中才能成为真正意义上的人。从一定意义上说，人之有语言和人之有文化，是从不同的角度对人之本性的揭示。人、语言、文化这三者，正是在社会性这一点上统一了起来。

我们承认语言是一种社会现象，实际上也就承认了语言是一种文化现象。但语言不等于文化，同样，文化也不等于语言，二者的概念有大小之分，有包容与被包容之分。文化是一个大概念，它既包括物质文化，也包括精神文化。其中精神文化中又包括物化形态（如文学艺术作品等）和尚未物化的文化因素，如思维方式、价值观念、道德情操、宗教感情、民族意识、民族气质、审美趣味等。这些尚未物化的文化因素，只存在于人的意识之中。我们说语言是一种文化现象，因为它是人类精神活动的产物，所以可以把它归之于精神文化之列。不过，语言是已经物化了的一种精神文化现象，是自成体系的特殊部分。总之，如果说文化是涉及人类生活方方面面的一个大系统的话，那么语言就是其中的一个子系统。

然而这种包容关系还只是语言与文化之间复杂关系的一个方面，要全面认识二者之间的关系，还要做进一步的考察。

从语言与文化的特殊关系来说，我们主张语言是文化的凝聚体。之所以提出这一说法，是基于对以下一些因素的考虑：

首先，语言具有原文化的性质。前面说过，语言是一种文化现象，语言本身就是语符形式与文化内容的有机整体。这就是说，语言不仅仅是意义的代码，而且也是文化的代码。语言包含了所有文化积累的信息，这就使语言成为文化总体中最基本、最核心的部分，所以我们说语言具有原文化的性质并不过分。

其次，语言系统中凝聚着几乎所有的文化成果，保存着几乎全部文化的信息，这就使我们有可能通过语言了解、分析、认识各种文化现象，包括已经消失了的文化现象。由于语言有一个系统的结构，这就使人们在不自觉的状态下通过语言对自然界和人类社会的万事万物做出了分类和解释，从而使一切文化信息从混沌变为有序。当然，语言对事物的分类和解释未必是准确的、科学的，因为它往往早于人们对事物有意识的分类和解释。但是，语言毕竟客观地反映了人类历史上不同时期的认知水平和每个民族特殊的认知方式。因此，我们说，语言不仅是一种文化现象，而且是历史文化的活化石，是一种特殊的、综合性的文化凝聚体。

语言与文化之间有着互相影响的关系，而语言对文化的影响主要是：语言在文化的建构、传承及不同文化间的交流等方面，发挥着不可替代的作用。人类对文化的建构，离不开对客观世界的认识，对客观世界的认识，又离不开人在实践过程中所进行的一系列思维活动，而思维活动的物质外壳则是语言。作为思维成果的思想，自然也必须依附于语言这个物质外壳加以固定。只有如此，思想才具有可以感知的物质形式，并用来进行传播和交流。一旦个人的思想成为集体的财富，为大家所共享，这就形成了文化。当然，传播交流思想的媒介还可以是其他形式，如手势、符号、图画、音乐、舞蹈等，但这些媒介都有很大的局限性，就交际的广度与深度而言，它们都不能跟语言相提并论。由此可见，语言在文化的建构中所起的作用是多么重要。

再看语言对文化传承所起的作用。如前文所说，语言是文化的凝聚体，建构起来的文化系统大都储存在语言之中。人们常说的文化遗产、文化传统，主要是通过语言传承给后人的。换言之，后人通过学习前人的语言，也就同时学会了前人的文化。另一方面，人类还要不断地发展自己的文化，他们对客观世界的认识也永远不会停止。在认识世界的实践中，人们不可避免地要受到语言的巨大影响。这是因为，人们不仅接受了前人的语言文化系统，而且还被强制性地接受前人的语言进行思维。不同的语言凝聚着不同的文化信息，在运用不同的语言进行思维时，必然会受到不同语言及其蕴含的思维方式的制约，因此可以说，语言不仅在文化传承中发挥着独特的作用，而且影响着人类认识世界、发展文化的全过程。

正如美国语言学家沃尔夫所说，我们都按自己本族语所规定的框架去解剖大自然。我们在自然现象中分辨出来的范畴和种类，并不是因为它们用眼睛瞪着每一个观察者，才被发现在那里。恰恰相反，展示给我们的世界是个万花筒，是变化无穷的印象，必须由我们的大脑去组织这些印象，而这些印象主要是用大脑中的语言系统去组织。语言在文化交流中的作用和影响同样是显而易见的。在人类早期的某些历史阶段中，有的文化确实是独立存在并传承下去的，但更为常见的却是不同文化在不断碰撞、交流和相互影响的情况下发展。特别是在交通、通信等科技手段飞速现代化的当今世界，“全球化”等词使用的频率越来越高，这意味着不同文化之间的相互碰撞、交流和影响也越来越剧烈。从发展的角度来说，这种情况恰恰为人类文化的演进与提升提供了前所未有的机遇。假如一种文化闭关自守，与其他文化圈虽“鸡犬之声相闻”，却“老死不相往来”，那只会加速它自身的衰败乃至消亡。不同文化之间的接触与交流，显然要以语言接触为先导。

德国语言学家洪堡特说：“人从自身中造出语言，而通过同一种行为他也把自己束缚在语言之中；每一种语言都在它所隶属的民族周围设下一个圈子，人只有同时跨进另一种语言的圈子，才有可能从原先的圈子里走出来[①]。”不同文化圈子的接触，实际上也是不同语言圈子的交并。由于语言是文化的凝聚体，只有掌握了他人的语言，才有可能真正了解他人的文化，因此，不同文化之间的交流，只有通过语言的先导才能实现。

综上所述，由于语言是人类思维的物质外壳和最重要的交际媒介，而且凝聚着整个文化系统，因此，它在文化的建构、传承和发展上，在文化的接触与交流上，都是不可或缺的必要条件，也是带有决定意义的重要因素。从这方面说，语言对文化的影响，无论怎样强调都不为过。不仅语言对文化有很大影响，文化对语言的影响也是显而易见的。有关文化对语言、语音、词汇、语用和语言交流等方面的影响，许多论著有专门的论述，这里不拟细说，只谈一下不同的文化特点往往会导致不同的语言特点。生存环境是人类文化环境的一个重要方面，而生存环境对人们所使用的词汇就有很大影响。在某些语言中，表达某个事物可能只用一个词，而在其他语言中，可能会有很多个，这跟人们生存环境的不同有很大关系。比如，雪在因纽特人的生活中几乎无处不在，雪对于他们来说实在太重要了。尽管因纽特人的语言中并没有一个总括性的词表示雪这一事物，但他们却创造了大量描绘各种类型的雪的单词。在阿拉伯国家的历史上，骆驼

① 威廉·冯·洪堡特.论人类语言结构的差异及其对人类精神发展的影响[M].姚小平，译.北京：商务印书馆，1997.

是一种非常重要的交通工具，所以在阿拉伯语中，与骆驼有关的词就多达几百个；而在汉语中，有关骆驼这种动物的词则很少。即使是在英语中，对骆驼的分类也只有单峰驼和双峰驼两个词。社会关系对语言也有直接的影响。在中国，宗法血缘关系始终没有像西方社会那样被打破，因此人们对各种亲属关系分得细致而烦琐，汉语中有关亲属的称谓词也十分丰富。在用汉语和英语进行交流时，这类词常常使交际双方感到难以理解。因为不是所有的英语称谓都能找到令人满意的汉语称谓的对应词，而汉语中的许多称谓在译成英语时更难找到令人满意的对应词。如汉语中哥哥、弟弟、姐姐、妹妹等称谓，从字面上就能看出比我们谈及的人年龄大还是小，而这些词的英语称谓却没有表明这一点，再如英语中的uncle一词，在汉语中却有伯伯、叔叔、姑父、舅父、姨父等不同的对应称谓。这些称谓不仅表明了这些人的辈分，而且也表明了他们是父系亲属还是母系亲属。这些称谓常常让西方人感到头疼不已，以至于在翻译《红楼梦》等作品时不得不望称谓而兴叹。原因何在？当然跟中国历史上的宗法文化有关了。

在外语学习过程中，我们常常会有这种体会，有的词在不同的语言中可以找到完全对应的词，比如英语中的pen就是汉语中的“钢笔”，英语中的bed就是汉语中的“床”。但是，有时意义相对应的词在不同语言中的意义并不完全相同。

另外，不同文化之间的交流，也会对语言产生明显的影响。如中国历史上佛教的传人，使大量佛教用语融人了汉语系统之中。诸如“世界”“如实”“平等”“现行”“刹那”“清规戒律”“相对”“绝对”等，都是来自佛教的语汇，今天我们甚至感觉不到这些原本都是外来词。

同样，一些具有代表性的汉语词，如“功夫”“太极”“饺子”等，也已被越来越多的外国人接受，这跟中国的一些影视节目在国外的播映以及中餐馆遍布世界各地有关系。

总之，语言与文化在发展过程中始终是相互作用、相互影响的。

第二章　翻译能力理论与实践

一、翻译能力概述

翻译能力是翻译研究的一个重要课题，人们对“翻译能力”的认识实际上反映了他们对“翻译”本质的认识。翻译能力涉及语言、文化、策略、译者性情等多种因素，关于各项能力之间的关系，尤其是语言能力与翻译能力的关系问题，长期以来尚未得到足够的分析与探讨，阻碍了人们对翻译活动的本质与特点的进一步了解。以往学者主要从理论层面对两者的关系进行解释，实证研究还非常缺乏。本章将利用实验研究方法，严格遵循相关研究程序，从多渠道获取数据，并通过统计分析、文本分析等手段得出较为客观可靠的结果，从而对翻译能力和语言能力的关系进行深入的分析与解释。研究结论将有助于加深人们对翻译能力，尤其是母语译入外语能力的认识。

从学科建设角度看，翻译能力研究是应用翻译研究的重要组成部分。詹姆斯·霍姆斯对翻译研究进行了提纲挈领式的概述[①]，基迪思·图里将之以图示的形式直观呈现出来[②]，根据这一翻译研究范式，涉及翻译学习者的能力研究属于应用翻译学的范畴。从目前现状来看，这方面的研究落后于

① 霍姆斯 . 社会语言学导论 [M]. 孙金华，译 . 北京：世界图书出版公司 , 2011.

② Gideon Toury. *Descriptive Translatson Studies and Beyond*[M]. Amsterdam: John Benjamins Publishing Company, 1995.

同属于应用翻译学的其他分支（如翻译批评）的研究。

除了上述理论意义以外，翻译能力研究还具有重要的实践指导意义，可以为翻译教学大纲的制定、教学活动的组织开展提供扎实的理论及实证基础，并且对翻译测试的开发与研究有重要的启示作用。

国内的翻译教学研究大多属于理论阐述或经验总结，对不同阶段学生翻译能力的表现及特点缺乏实证数据的解释与说明，因此相关教学活动的组织与实施在一定程度上较为随意。对学习者而言，翻译能力研究可以提供一种元认识，学习者可以结合实证研究的发现，对照自身的学习情况，规划下一步的学习目标，从而提高翻译学习中的自我评价和自我监控能力，有效促进自主学习，进一步提高翻译水平。

此外，以往针对学习者翻译能力的研究往往利用现有考试（如英语专业八级）数据进行事后分析，较少关注测试的前期开发等环节。本书将依据语言测试理论，从概念探讨出发，具体阐述能力测量工具的开发、设计、检验过程，在确保测量工具可信、有效的基础上对数据进行分析。研究过程中将详细论证翻译能力的定义、构成成分、测量方法等，设计并评估翻译测试的质量，这对今后翻译测试的开发设计和开展相关研究具有一定的借鉴意义。

翻译活动自古有之，翻译质量的高低无疑与译者的翻译能力密切相关，然而学界对翻译能力展开系统、深入的研究却是最近三四十年的事情。20世纪70年代末，哈里斯和谢伍德等人提出翻译能力是双语能力发展到一定阶段的自然产物[①]。随后几十年间，大批学者开始致力于翻译

① 艾利斯·哈里斯，莱尔·坎贝尔．历史句法学的跨语言视角 [M]. 吴福祥，译．北京：世界图书出版公司，2007.

能力的性质、特点、发展阶段等方面的探索。进入21世纪以来，随着国际学术交流的进一步扩大，翻译能力在国外已经成为一个重要的研究领域，并引起了越来越多学者的关注。可以说，翻译能力研究虽然起步较晚，但是发展非常迅猛。相比之下，国内对翻译能力的研究尚处于起始阶段，而且相关成果以评介国外研究发现和理论探索为主，实证研究仍比较缺乏。

1997年英国阿斯顿大学首次举办了以“发展翻译能力”为题的国际会议，并于2000年将大会论文结集出版。该论文集概括了翻译能力研究的3个重要课题，即翻译能力的定义、翻译能力的发展以及翻译能力的评测。从方法论角度来看，针对前两者的早期研究主要以理论阐述和逻辑思辨为主，而评测问题则和教学实践更为相关，实证研究特点较为明显。随着研究的进一步展开，翻译能力研究呈现出越来越强的实证倾向。实证方法能够提供客观数据，与研究者的主观经验互为补充，有助于我们深入认识翻译能力的性质、了解翻译能力的表现。

近二三十年来，翻译实证研究越来越受到重视。基迪恩·图里指出，翻译研究中实证方法的引介可以看作翻译学科发展的一个重要标志。用实证方法来研究翻译问题有助于解释翻译中各种制约因素之间的关系，并解释这些因素对翻译过程、译本及其在译入语文化中功能的影响。实证方法所具有的这些优点源于其两个内在特征，即对变量的相对可控性以及研究的高复制率。

玛丽·斯奈尔·霍恩比认为，翻译研究领域的实证研究主要有两种：翻译过程研究与语料库翻译研究。前者主要运用有声思维（TAP）、Translog软件、观察等方法探索译者翻译时的思维工作机制，重视“过程”，始于二十世纪八九十年代，以蒂尔科宁·康迪特等学者为代表。后者主要以贝克、拉维奥萨等人为代表，通过语料库尤其是类比语料库来对比翻译文本与原创文本，进而了解翻译文本的特征。和过程研究相比，其更重视“文本”。

翻译研究的实证转向对翻译能力研究产生了重要影响。早期对翻译能力的探究主要局限于理论思辨，近些年来实证方法得到了越来越广泛的应用。实证研究的贡献主要在于：一方面，可以通过实证方法来说明翻译能力成分之间的关系，有助于深化人们对翻译的认识，从而为翻译能力的理论模式提供实证数据支持；另一方面，可以对比不同水平译者的翻译过程及翻译成品的差异，找出翻译能力高低的区别性特征，从而帮助人们了解翻译能力的表现及发展规律。

国际上的译者通常是从母语译成外语，但中国的情况有所不同。多年以来在与世界的文化交流中，中国的图书进出口贸易一直保持较高比例的逆差，外译汉的图书数量大大超过汉译外。

中国要与世界交流，中国文化要走向世界，翻译工作在其中起到了关键作用。最近几年，国家大力发展汉译外图书出版，实施了中国图书对外推广计划，出版了《大中华文库》，对外文化交流中严重“入超”的局面有了一定改善，但是“文化赤字”依然很大。可以预见，在今后很长的时间内，汉译外工作都将得到广泛的关注。一方面，国家对汉译外出版事业的重视为翻译教学工作者和研究者提供了有力的政策支持和发展平台；另一方面，对汉译外人才的缺乏又提出了严峻的挑战。对外传播中的翻译工作目前还存在诸多问题：首先是高素质、专业化的汉译外人才的严重匮乏和队伍的“断层”；其次是对翻译工作存在认识上的误区，误以为懂几句外语就能做翻译，没有认识到翻译工作是一个高度专业化的职业，是一项高度要求创造性的劳动。希望高校的外语教育培训能从我国对外传播事业的高度出发，重视中译外人才的培养并加强这方面的专题研究。

二、翻译能力定义

（一）抽象能力与交际能力

诺姆·乔姆斯基提出的“语言能力”概念指的是人类天生具备的一种抽象的理想能力，即人类对语言的普遍认知能力，与实际语言使用无关[①]。他认为语言能力是内在的、与生俱来的能力，可以生成和理解无限数量的句子，而实际语言的使用只是这种能力的表现。相比之下，德尔·海姆斯提出了“交际能力”概念，强调语言能力必须在实际的交际使用中来定义。交际能力包括语言结构的正确运用，同时也要符合社会准则，以实现具体的交际目的。这意味着交际能力不仅仅涉及语言的形式，还包括对特定交际情境的理解和适应。在翻译领域，人们越来越认识到翻译行为是一种特定情境下的交际活动。翻译能力被认为是交际能力的一种特殊形式。

---

① （美）诺姆·乔姆斯基 . 句法结构 [M]. 陈满华，译 . 北京：商务印书馆 , 2022.

翻译能力不仅要求译者具备对源语言和目标语言的语言结构的准确理解和运用，还需要考虑交际活动的其他因素，如交际意图、交际对象、交际情境等。译者在翻译过程中需要根据特定的交际目的来进行语言选择、语言调整和文化转换，以实现有效的跨语言信息传递。这与传统的语法—翻译教学方法有所不同。传统的语法—翻译教学注重发展学生的语言能力，强调词汇和语法的学习，并将翻译作为一种训练手段。而实际生活中的翻译活动更强调交际目的和交际效果，需要译者在跨语言交际中灵活应用语言知识和跨文化意识，以满足信息传递的需求。总而言之，翻译能力作为一种交际能力的特殊形式，强调在特定的交际情境中实现有效的跨语言信息传递。与传统的语法—翻译教学方法相比，它更加注重交际目的和交际效果，涉及语言、文化和交际因素的综合运用。

（二）知识与技能

翻译能力包括了相关的知识和技能。知识方面包括译者对源语言和目标语言的词汇、语法、语义等方面的准确理解和掌握，以及对特定领域知识的了解。这些知识为译者提供了翻译的基础和参考，使其能够对原文进行准确的理解和分析。而技能方面则涉及译者在实际翻译过程中的应用能力。这包括了对不同语言之间的转换能力，如准确把握语言表达的细微差异、灵活运用语言技巧、采用适当的翻译策略等。技能还包括了译者在处理翻译问题时的解决能力，如快速决策、分析和处理复杂的语言难点等。这些技能的培养需要通过实践和经验的积累。在翻译研究中，PACTE小组①

① PACTE 小组，即“翻译能力可得到过程和评估专项小组”。其创建于 1997 年，是由西班牙巴塞罗那自治大学翻译系的专业译者和翻译老师所组成。

指出翻译能力包括内在的知识系统和技能。这种认识强调了翻译能力既包括对知识的理解和掌握，也包括了对知识的实际运用和应用能力。陈述性知识指的是对翻译理论、语言知识和专业知识的理解和掌握，而程序性知识指的是对翻译过程和策略的实际应用能力。这两者的结合共同构成了翻译能力。因此，对于翻译能力的定义普遍包含了知识和技能的双重要素，这是为了全面描述翻译者在实际翻译工作中所需具备的能力和素质。

（三）专家能力与一般能力

翻译能力是一种交际能力，但是两者也有区别。根据什里夫的观点，交际能力是同一个语言群体的人共同拥有的，而翻译能力则并非如此。简单地说，每个人都有交际能力，但并不是每个人都有翻译能力，后者是随着经验的累积而发展出来的。PACTE小组在这一点上延续了什里夫的观点，认为翻译能力属于交际能力的一种，两者相异之处在于翻译能力是一种专家知识，是专业译者所具有的能力。当然，这种专家能力并不是译者一开始就具备的。能力是一个相对的、程度性的概念。不同水平的译者，其能力有高低之分，但是并不能说翻译初学者就没有翻译能力，只能说和专业译者相比，能力要低一些（季米特洛娃）。那么这种能力需要经历哪些发展阶段才最终得以形成？

安德鲁·切斯特曼借鉴了德雷福斯的理论，提出了翻译能力发展的五阶段模式[①]，具体如下。

·新手阶段：在这个阶段，学习者通过有意识地学习如何进行简单的

---

① Chestenman. A., Wagher E. *Can Theory Help, Translators? — A Dialogue Herween the Tower and the Wordface*. [M]. 北京：外语教学与研究出版社，2006.

信息加工，掌握了一些脱离语境的知识和行动规则。类似于学车时只学会了踩油门和刹车，但还不能协调各项技能。学习者掌握了客观知识，但还无法熟练地应用。

· 熟练新手阶段：在这个阶段，学习者开始考虑语境因素，能够根据具体情况下意识地整合各项技能。他们能够在一定程度上适应任务需求，但仍然是相对初级的水平。

· 能力阶段：随着经验的积累，学习者进入能力阶段。在这个阶段，他们能够全面考虑任务过程中各种因素的重要性，并能够进行整体的分析和规划。他们能够更有效地应对各种翻译任务。

· 熟练阶段：在熟练阶段，学习者除了运用理性分析外，个人经验和感性直觉开始发挥重要作用。他们在翻译过程中能够更灵活地运用技巧和策略，并能够做出更准确的决策。

· 专家水平阶段：在专家水平阶段，感性直觉占据主导地位，而理性的监控虽然没有消失，但转移到了潜意识中。学习者完成了从有意识决策到自动化决策的过渡。这一阶段的达到需要经验的不断积累。与安德鲁·切斯特曼类似，PACTE小组从心理认知角度出发，提出了翻译能力的发展模型，具体如图2-1所示。

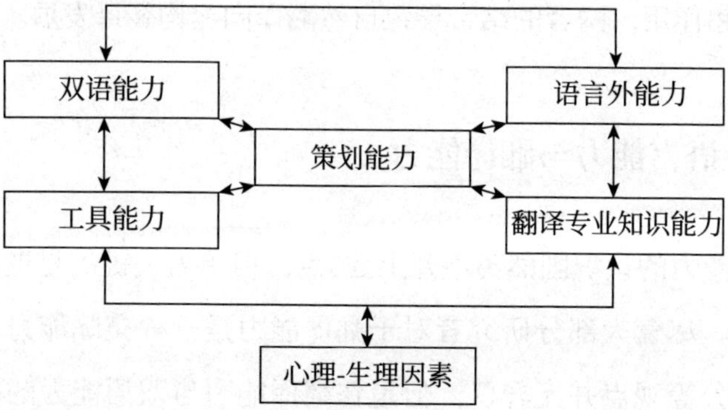

图2-1　PACTE翻译功能

根据这一模型，在从“前翻译能力”发展到“翻译能力”阶段的过程中，各能力成分不仅各自发展，而且通过译者对学习策略的运用得到了有效协调，译者根据具体的翻译任务与交际情境在各项分能力中进行选择、调控、整合，由此推动翻译能力的整体发展。与上述模式中的心理认知视角相比，什里夫对于翻译能力发展的论述更注重社会因素的作用。他认为应根据不同的服务对象、翻译任务、翻译需要等具体情境来讨论翻译能力的发展。什里夫将译者的内部图式变化（心理认知视角）与翻译活动的社会性（社会规范视角）结合起来，提出了翻译能力由自然翻译向建构翻译发展的假说。在自然翻译阶段，个体拥有相似的翻译能力，但是随着翻译经验的累积，译者的图式发生改变、重构，从而建构翻译能力。翻译能力的习得和以下因素有关。

· 翻译活动进行的交际场合，如是职业翻译还是教学翻译。

· 翻译过程中有无监督人或监督机构，如是自学翻译还是参加了专业训练。

· 任务性质，如任务描述、解决方案的提出、讨论等。

· 客户对任务完成情况的反馈。总之，在该模式中，翻译经验的增加促使译者内在发生变化，而翻译活动所具有的社会性又使外在因素对翻译能力的发展起作用，两者的结合导致自然翻译向建构翻译发展。

（四）语言能力与翻译能力

对翻译能力的认识固然离不开上述3点，但更为关键的是理清它与双语能力的关系。尽管大部分研究者对于翻译能力是一种交际能力，包括知识和技能两部分等观点并无异议，但是在翻译能力与双语能力的关系问题上历来存在分歧。概括而言，这种分歧主要体现在以下3种不同立场：双语能力包含翻译能力、翻译能力包含双语能力、翻译能力和双语能力无关。

1. 双语能力包含翻译能力

哈里斯和舍伍德较早地进行了关于翻译能力的研究，他们提出了“自然翻译”的观点，认为随着双语能力的发展，翻译能力自然就会发展①。翻译能力随着年龄及双语能力的增长经历了3个阶段，即前翻译阶段、自动翻译阶段和通导阶段。这样一来，翻译能力就成了双语能力的衍生物，双语能力就成为翻译能力的上义词。

随着研究的深入，翻译能力随双语能力自然发展的观点遭到了摒弃。基迪恩·图里提出了“天生译者”的说法②，对哈里斯的观点进行了修正，他认为翻译能力和双语能力并非同步发展。虽然双语者确实存在一种内在的翻译潜能，但是能否实现这种潜能，这种潜能能否在翻译行为中体现出来，则是另一回事。哈里斯并没有说明翻译能力之所以得以发展的根本原因，在基迪恩·图里看来，翻译是交际行为，受社会情境、翻译规范等作用而激发启动，翻译能力的习得也就是译者渐渐熟悉社会的翻译“规范”并受翻译规范支配的过程。

2. 翻译能力包含双语能力

基迪恩·图里指出双语者要成为一名译者，不仅需要先天的语言能力，还需要一种“转换能力”，并提出翻译能力是包含语言能力和转换能

---

① Harris. B.& Sherwood.,B. *Translating as an innate skill* [C]// In D.Gerver&H.; W. Sinaiko.（eds.）*Language,Interpretation and Communication*. New York and London: Plenum Press,1978:155-170.

② Gideon Toury. *Descriptive Translatson Studies and Beyond*[M]. Amsterdam: John Benjamins Publishing Company, 1995.

力在内的集合体。该模式的出发点在于认为翻译能力包含但不限于双语能力，因此根据这一观点，翻译能力在一定程度上是双语能力的上义词。目前大部分研究者采用了该模式，均认可语言能力只是翻译能力的一个组成部分，不过不同的学者对于除了语言能力之外翻译能力还包含哪些能力成分的看法有所差异。

罗杰·贝尔认为，翻译能力包括目的语语言知识、语篇类型知识、源语语言知识、主题知识、对比知识以及涵盖语法、社会语言学等方面的解码、编码技能（总称为“交际能力”）①。

有学者较为系统地借鉴莱尔·巴克曼的语言能力模型并构建了翻译能力模式，主要包括语言能力、知识结构、策略能力。其中语言能力又分为组织能力与语用能力，组织能力主要指语法能力与语篇能力。该模式以语言能力模型为基础，方法上主要以逻辑分析与理论构建为主，并没有对此开展实证研究，但作为翻译领域比较早期、相对系统的研究成果，该模型的构建具有十分积极的意义。

乔治·坎贝尔主要构建了从母语译入外语的翻译能力模式，主要包括文本能力、词汇能力、监控能力、性情等②。阿尔伯特·纽伯特主张翻译能力包括语言能力、语篇能力、主题能力、文化能力和转换能力，其中转换能力指“构成译者独特的认知体系即语言匹配能力、语篇主题能力以及文化能力的心理机制”，它建立在前几项能力的基础上，同时将它们统一协调起来，使译者能够完成翻译行为。克里斯蒂娜·谢芙娜认为翻译能力包含语言能力、文化能力、语篇能力、主题能力、查询研究能力、转换

① Bell. R. *Translation and Translating: Theory and Practice* [M]. London/New York: Longman, 1991.

② Cambell, Stuart. *Translation into the Second Language* [M].New York: Longman, 1998.

能力。和阿尔伯特·纽伯特一样，她强调转换能力的特殊地位，认为转换能力是翻译所特有的，指“生成译语文本从而满足翻译任务要求的一种能力”，该能力将其他的分项能力进行整合。

近年来关于翻译能力研究较有影响力的是西班牙的PACTE研究小组，该小组提出的翻译能力模式包括双语能力、语言外能力、翻译专业知识、工具操作能力、策略能力，这5项能力通过心理-生理机制发挥作用。在此基础上，奥地利的TransComp研究小组成员戈普费里奇提出了另一个类似的翻译能力成分模式，包括双语交际能力、专业领域能力、工具使用及研究能力、翻译流程激活能力、心理生理能力和策略能力。以上模式的特点参考了现实生活中职业翻译市场特点，将职业译者使用翻译记忆、翻译辅助软件等工具的能力纳入模式中。

对多成分翻译能力模式的批评主要来自安东尼·皮姆，他认为这种多成分模式受到翻译研究的跨学科趋势影响，“既然任何相邻学科都可以借鉴，那么任何东西实际上都可以加入‘翻译能力’的成分模式中来”，从“翻译述要”到译者的常识、打字速度等，不断有新的内容加入进来，能力模式就会日趋复杂。多成分能力模式竭力想要将译者完成翻译任务所需的不同方面的能力囊括进来，这一思路注定了此类模式将总是落后于时代的要求，因为技术手段革新迅速，总是比现有成分模式中所列的能力要求要先行一步。因此，安东尼·皮姆认为多成分模式在方法论上存在明显的弊端，主要体现为以下几点。

（1）很难明确翻译能力应该由多少成分构成。

（2）对翻译能力的定义似乎过于理想，并没有结合译者真正的学习过程来进行说明。

（3）大部分模式声称是基于描述性研究的成果，但实际上充满了假设，理论成分居多。

3. 翻译能力与双语能力无关

沃尔夫兰·威尔斯很早就提出，“和传统的四项单语能力‘听、说、读、写’显然不同，翻译需要一种语际‘超能力’（supercom-petence）”。换言之，他将翻译能力与语言能力并列起来，使两者成为两个完全不同的概念。

维尔纳·科勒认为，翻译能力和语言能力存在本质差别，两者之间的差异正如“言语”（parole）与“语言”（langue）之间的区别。

柯林斯让6位德语母语学习者将一篇德语原文译为法语，并将翻译中碰到的问题分类，其中一类与语言知识有关，如由于法语能力不够所导致的翻译问题，另一类为语际转换过程（interlingual process）中出现的问题。他认为只有后一种才与译者的翻译能力有关。

和柯林斯一样，安东尼·皮姆主张一种完全独立的翻译能力观，即认为这种能力应该是翻译特有的。他认为研究者应该致力于确定那些只与翻译有关的因素，这样才能把握翻译能力的本质。不同的是，柯林斯从语际转换角度来说明翻译能力并不等同于语言能力，而安东尼·皮姆本人则是从翻译行为的角度来定义翻译能力的，他认为翻译能力即：

（1）针对某一源语文本生成一系列可能译本的能力；

（2）从中迅速、自信地选择一个合适译本的能力。

简言之，翻译能力就是生成和选择的能力。此外，安东尼·皮姆指出将翻译能力从语言能力中分离出来具有重要意义，对两者进行有效区分才能使翻译教学不至于等同于语言教学，翻译测试不至于沦为语言能力测试，从而有助于翻译学科的发展。

尽管该派中各学者的提法各异，但从根本上而言，他们均认为翻译能力是双语能力之外的另一种能力。安东尼·皮姆使用了翻译能力的“最简方案”（minimalist approach）这一术语，倒是能够很好概括这一派观点的特征。

4. 对 3 种观点的评价

以上是关于翻译能力与双语能力关系的3种主要观点，其中翻译能力等同于双语能力的观点已经退出了历史舞台，当前研究者普遍认同翻译能力是包含双语能力在内的多成分能力。与“翻译能力完全不同于双语能力”的观点相比，多成分模式不仅涵盖了双语能力，而且一些多成分模式中还包含了第三种观点所重点强调的“转换能力”。例如，阿尔伯特·纽伯特、克里斯蒂娜·谢芙娜等人提出的多成分模式中均包含“转换能力”，只不过他们采用的是广义的翻译能力观，认为转换能力是翻译能力的一部分，而沃尔夫兰·威尔斯等认为翻译能力就是转换能力，因此采用的是一种狭义的翻译能力观。下面对这3种观点进行具体评价。

首先，以往三四十年间研究者对翻译能力有了进一步的认识，哈里斯的翻译能力等同于双语能力发展衍生物的观点已经不被学界所认可。不仅如此，从职业翻译市场和职业译者的角度来看，翻译能力也并非只是语言能力的简单相加。美国译者协会明确指出，双语能力并不是翻译能力的充分条件，双语者尽管语言能力出色，但是并不一定具备在两种语言之间传递信息的能力。另外，从翻译教学的角度来看，翻译能力研究的出发点在于为译者培训、翻译教学服务，如果翻译能力只是双语能力的衍生物，那还有必要进行单独的翻译教学吗？语言教学就足以达到目的了，因为学生的语言能力提高了，翻译能力自然就会提高。如此一来，翻译教学似乎成为了语言教学的一部分，此种观点无益于翻译学科的独立与发展。

其次，对翻译能力完全不同于双语能力的观点主要有两点批评。第一，两者的区分是否具有心理现实性。利舍尔针对柯林斯的研究指出，将翻译能力问题与语言能力问题区分开来存在一定难度。在该研究中，只有6.5%的问题被学生认为是属于翻译能力的范围。对受试来说，两者之间的区分可能不具有心理现实性。或许正因如此，利舍尔本人索性避开这个问题，不谈“能力”，只谈翻译“策略”。第二，将两者完全区分开来的做法是否在教学实践中具备可操作性。例如，安东尼·皮姆虽然对翻译能力多成分模式的缺陷有清楚的认识，他本人提出的最简方案对于翻译学科的独立也具有重大的理论意义，但是从实践的角度来看，如何在教学中帮助学生发展他所说的两点能力还是个未知数，安东尼·皮姆也并没有后续研究来说明这一点。因此，有学者认为，安东尼·皮姆的翻译能力模式在翻译教学中的实践操作性不强，这不无道理。

相比之下，包含双语能力在内的多成分翻译能力模式得到了较多学者的支持，可以说是当前研究者的主流观点科利纳。虽然不同研究者关于翻译能力到底包含哪些成分各有不同看法，但根本的出发点是一致的，都是将翻译能力视为各分项能力的集合。与带有几分神秘色彩的翻译能力最简方案相比，该模式较为直观地呈现了翻译能力的构成成分。其优势在于可分解性，也就是说将翻译能力分解为多项分能力，这一点对译者培训尤其有用，因为翻译教学内容的安排需要根据翻译人才培养目标，有步骤、有计划地分解操作[①]。例如，根据PACT小组提出的模式，翻译能力包括文化能力、资料查询能力等，因此翻译教学中可有针对性地开展对译者文化知识、翻译辅助工具应用等方面的培训。该模式也利于翻译测试，其优点在于“为设计间接翻译测试提供理论支持，有利于翻译试题的多样化和科学化”[②]。对研究者而言，通过分解多成分模式，可以对各分项能力展开更为深入的研究。

综上所述，翻译能力由包括双语能力在内的多种成分构成，从性质上来说属于交际能力，不仅指译者对语言规则、翻译原则等陈述性知识的掌握，还指译者根据语言交际的语境充分调动内在知识以完成交际活动的能力。翻译能力是一个连续体，其发展不仅涉及译者内部心理认知因素的改变与整合，而且需要结合社会规范、翻译情境等外部因素对译者翻译能力的影响来进行考量。

三、翻译能力与语言能力的关系

翻译能力与语言能力之间存在密切的关系，它们相互影响并共同构建了跨文化交流中的有效沟通。首先，翻译能力作为语言能力的一种扩展

① 武光军．翻译教学中的学习者因素研究 [M]. 上海：上海交通大学出版社，2018.

② 邹申主编．语言测试 [M]. 上海：上海外语教育出版社，2005.

和应用，要求翻译者掌握源语言和目标语言的语法、词汇、语义和语用等方面的知识。这意味着翻译者需要具备深入理解和灵活运用两种语言的能力。翻译能力的发展和提升离不开对语言能力的基本训练和积累。同时，良好的语言能力对翻译能力的发挥也至关重要。语言能力的提升可以增强翻译者对源语言的理解和对目标语言的表达能力。当翻译者能够准确理解源语言的意思，并能够以流利、准确的方式传达到目标语言中，翻译的质量和效果将得到显著提升。此外，优秀的语言能力还能够帮助翻译者更好地理解和应用语言的文化背景和语用规则。在跨文化交流中，这种文化意识和语境敏感性对于准确传达信息和避免误解至关重要。

（一）理论思考

语言是翻译的基础，译者一般需要了解两种语言，但仅仅具备语言能力仍然不够。首先，根据翻译能力多成分模式，可以看出翻译能力的一些其他成分与语言能力的关系不大。例如，翻译专业知识是翻译能力的重要组成部分，但是从定义上来说它相对独立于语言能力，而且其获取的主要途径并不是语言学习。学生一般通过翻译课堂中对相关翻译理论的系统学习而发展该能力。例如，德国功能学派关于“译文总是为一定的目的服务”的观点就会影响学生对翻译活动性质的认识，从而影响翻译任务的完成情况。另外一个途径是通过大量的翻译实践。在真实的翻译市场中，译者需要和翻译任务委托方进行交流与沟通，根据翻译述要完成翻译任务，得到反馈并进行修改等流程，在此过程中译者对翻译行业的认识、对译文服务对象的重视逐渐加深，翻译专业知识由此得到发展。

其次，光靠语言能力的提高还不足以使译者的内在认知模式发生变化，无法使之发展到足以胜任翻译的程度。而这一点可能是翻译能力区别于语言能力的关键因素。学过外语的人通常有如下体会：在学习外语的过程中往往会下意识地将已有的母语语言知识与外语语言知识进行联系，产生一种不自觉的双语对比分析活动。在传统的课堂语言教学中，这种下意识的行为由于教师有意识的引导而得到了进一步加强，“教师通过翻译用L1来解释L2的内容，帮助学生理解原文，用句型训练来帮助学生熟悉L2的短语或句子结构”。也就是说，母语对外语起到了提示理解的作用，这样一来学习者在接触新的外语词汇或短语的时候，总是会不自觉地将之与母语语言形式进行匹配。因此，就翻译而言，译者的双语对比与转换能力往往在语言学习中就开始逐渐形成，这也解释了为何大多数外语学习者或多或少都具备了一定的从事翻译活动的能力。就汉译英来说，随着英语能力的提高，汉译英能力会随之得到相应的提高。

但是正如一些学者指出的那样，由双语学习带动的“翻译能力”只是初级的，双语之间建立起来的联系属于“被动匹配”，并不是积极的“语义匹配”，“语义匹配”表现为见到某一个单词就会马上搜索另一种语言的对应词，并且由于两种语言形式间难以存在完全的对应而造成语言形式相互干扰。此外，这种双语间的转换大多数时候只停留在词汇、词组等较低的层面，很少涉及句子、段落、语篇、语境、文化等更高层面的对比及转换。究其实质，最根本的原因在于语言学习的目的主要是掌握语言知识，母语与目的语之间的对比、联系或匹配只是学生用于掌握语言知识的手段。而翻译能力作为“交际能力”，其主要目的是使译者能够根据特定的交际情境提供恰当的、满足交际目的的翻译服务。

由于缺乏专门的翻译训练，一些外语水平较高的学习者在翻译过程中仍然依靠的是通过语言学习发展起来的初级翻译能力，而这可能已经无法满足翻译任务的要求。有学者指出：翻译人才的思维模式与一般外语人才有着明显的差别，需要专门的职业技能培训。过去往往把外语专业等同于翻译专业，把外语人才误认为翻译人才，忽视了翻译专业人才的专门性和特殊性。懂外语，不等于是合格的翻译人才。因此，只有将翻译作为一种交际活动而非语言训练的手段来看待，并通过大量的翻译实践丰富学生的翻译实战经验，才能真正提高学生的翻译能力。语言能力发展到一定程度，译者对语言之间的语义、句法、语用等方面的细微差别体会将更加深刻，但只有通过专业的翻译训练，积累起来的语感才能够帮助译者的认知模式发生本质的变化。

什里夫认为，翻译学习时间以及翻译经验的增加对翻译能力的影响主要体现在两个方面：一方面是“量”的变化，指翻译经验越丰富，译者处理翻译问题的速度就越快，最终形成自动化处理模式，不过这种变化并未涉及深层的翻译处理机制，因此属于“量变”；另一方面是“质”的变化，指译者不仅翻译速度加快，而且认知模式发生了根本改变，对翻译的性质、功能等方面的认识有了更深入的了解。相比之下，后者对翻译能力的培养更为重要，一些学者也强调，翻译教学的目标正是提高学生的翻译思维能力。

翻译思维能力的提高，或者说翻译认知模式的改变，从宏观上来看表现为译者对翻译的认识能够从“形式转换”向“信息交流”发展，能够考虑语言之外的因素（如翻译任务委托方的要求、译文目标读者的需求等）对翻译的影响，这些正是翻译能力模式中的核心组成部分。从微观上来看，译者在翻译过程中其思维机制将不再局限于源语和译语之间的形式匹配，而是产生了一个飞跃，能够参照上下文语境来完成意义的提取与构建。在此过程中，不仅信息的处理层次从词汇、短语层面上升到句法、语段、语境层面，而且信息的加工更为复杂，涉及语言、文化、情感等多种因素，这些因素通过译者的元监控能力得到了整合，并对翻译任务的执行、规划起到了综合指导作用，使译者的翻译思维机制不仅能够从语言形式出发自下而上地构建意义，而且能够从语境因素出发自上而下地监控意义提取及重构的整个过程。因此，从这层意义上来看，经过专门训练的学习者的翻译能力与未经训练的学习者的翻译能力可能有所区别。翻译能力是指将一种语言的意思转化为另一种语言的能力，而语言能力是指对某种语言的掌握和运用能力。本部分将探讨翻译能力与语言能力之间的关系，以及它们在翻译工作中的相互作用。

（二）语言能力对翻译的重要性

1. 准确传达信息

翻译的首要任务是准确地传达原文的意思和信息。语言能力包括对源语言和目标语言的深入理解和掌握，使翻译人员能够准确理解原文的含义，并将其转化为目标语言的表达。只有具备良好的语言能力，翻译人员才能确保译文与原文在意思上的一致性，避免信息的丢失、扭曲或误解。语言能力为翻译人员提供了准确传达信息的工具和能力，使译文能够准确传递原文的信息。

首先，语言能力要求翻译人员对源语言的深入理解和掌握。这包括对语言的词汇、语法、句法和语用规则的准确理解。翻译人员需要具备广泛的词汇量，以确保能够准确选择适当的词语来传达原文的意思。此外，翻译人员还需要理解源语言的语法结构，包括句子结构、语序和修辞手法等，以确保在转化为目标语言时能够保持原文的信息完整性和准确性。

其次，语言能力要求翻译人员具备对目标语言的深入理解和掌握。翻译人员需要熟悉目标语言的词汇和表达方式，以确保译文能够在目标语言中准确地传达原文的意思。对于不同领域和文体的翻译工作，翻译人员还需要了解目标语言的特定术语和惯用表达，以确保译文在目标语言读者中产生准确的理解和共鸣。

最后，语言能力还要求翻译人员具备对文化背景和语言习惯的敏感性。翻译过程中经常涉及不同文化之间的交流和沟通，因此翻译人员需要了解源语言和目标语言之间的文化差异，并在翻译中加以考虑。对于一些涉及文化内涵的原文内容，翻译人员需要准确把握原文的文化意义，并选择适当的目标语言表达方式来传达相应的文化内涵。

在实际的翻译工作中，语言能力的体现可以通过准确性和一致性来衡量。准确性指的是译文能够准确地传达原文的信息，保持语义和信息的一致性。一致性指的是译文在语言风格、用词选择和表达方式上与原文保持一致。只有具备良好的语言能力，翻译人员才能确保译文在准确性和一致性上达到较高的水平，使读者能够准确理解原文的意思和信息。综上所述，语言能力对于准确传达信息在翻译工作中至关重要。具备良好的语言能力能够帮助翻译人员准确理解原文的含义，并将其转化为目标语言的表达。

2. 维持语言风格和特色

每种语言都有其独特的风格和特色，翻译人员需要通过语言能力来理解和传达原文的语言风格。无论是文学作品的文学特色、科技文献的专业术语，还是商务文件的正式用语，翻译人员需要灵活运用语言能力，确保译文在目标语言中保持原文的风格和特色。良好的语言能力使翻译人员能够准确把握原文的语言风格，并在目标语言中找到相应的表达方式，使译文具有与原文相似的语言特点。

首先，语言风格是指语言在不同文体和领域中所具有的独特表达方式和特点。不同类型的文本有不同的语言风格要求，例如文学作品强调艺术性和感性，科技文献注重准确性和专业性，商务文件要求正式和规范。翻译人员需要通过语言能力准确把握原文的语言风格，并在目标语言中找到相应的表达方式，以使译文能够保持与原文相似的风格特点。这需要对源语言和目标语言的词汇、语法、句式和修辞手法等方面有深入的了解和掌握。

其次，语言特色是指每种语言所独有的语言特点和表达习惯。不同语言之间存在差异，如词汇的丰富度、句子结构的灵活性、修辞手法的多样性等。翻译人员需要通过语言能力了解源语言和目标语言的特色，以便在翻译过程中能够保持原文的语言特点。例如，某种语言可能更善于使用比喻和象征表达，而另一种语言可能更倾向于直接陈述。语言能力使翻译人员能够在目标语言中寻找相应的表达方式，以保持译文与原文在语言特色上的一致性。

最后，维持语言风格和特色也需要考虑目标语言读者的习惯和理解能力。翻译人员需要根据目标语言读者的文化背景和语言习惯，选择合适的表达方式。这需要对目标语言的社会文化、行业背景和读者群体有一定的了解。语言能力使翻译人员能够在保持原文风格特色的同时，使译文更符合目标语言读者的习惯和接受程度。

综上所述，语言能力对于维持语言风格和特色在翻译工作中起着至关重要的作用。通过准确把握原文的语言风格和特色，灵活运用语言能力，翻译人员能够在目标语言中找到相应的表达方式，保持译文与原文在语言风格和特色上的一致性，使读者能够更好地理解和接受译文。

3. 跨文化交流

跨文化交流在翻译工作中起着重要的作用。翻译人员需要具备语言能力，以理解和应对不同文化之间的差异，将原文中的文化元素转化为目标语言读者容易理解的形式。然而，仅仅掌握两种语言的语法和词汇是不够的，翻译人员还需要深入了解源语言和目标语言之间的文化差异，包括礼仪、习俗、价值观等方面，以避免在翻译过程中产生误解或冲突。只有跨越文化障碍，翻译人员才能实现不同文化之间的有效交流和理解。

从一方面来讲，语言能力为翻译人员提供了跨越语言障碍的基础。翻译人员需要熟练掌握源语言和目标语言，具备良好的听、说、读、写能力。通过对两种语言的深入理解，翻译人员能够准确地把握原文的含义，并将其转化为目标语言的表达方式。语言是文化的载体，通过语言的运用，人们传递和共享着自己的文化观念和价值观。因此，语言能力是翻译人员进行跨文化交流的基础。然而，仅仅具备语言能力还不足以保证翻译的准确性和流畅性。翻译人员还需要深入了解源语言和目标语言背后的不同文化背景。不同的文化具有不同的思维方式、行为习惯和社会规范。例如，在西方文化中，直接表达个人观点被认为是正常和积极的，而在东方文化中，人们更注重保持谦逊和避免直接冲突。如果一个翻译人员没有意识到这种文化差异，可能会将源语言中的直接表达转化为目标语言中的婉转说法，导致信息的丢失或误解。因此，翻译人员需要了解并灵活运用不同文化间的沟通方式，以确保翻译的准确性和文化适应性。

另一方面，翻译人员也需要了解不同文化中的习俗和礼仪规范。在跨文化交流中，不同的文化对于社交场合、礼仪规范和人际关系有着不同的要求和期望。翻译人员应该了解并遵守不同文化背景下的礼仪规范，以确保与客户和读者之间的良好沟通。例如，在一些亚洲文化中，人们注重尊重长辈和权威，因此在翻译工作中，翻译人员可能需要使用恭敬的语言形式和适当的敬语。而在西方文化中，人们更注重平等和个人自由，因此翻译人员可能需要在翻译过程中避免过多的敬语和形式主义。在实际的翻译工作中，翻译人员可以采取一些策略来促进跨文化交流的有效实现。首先，他们可以进行充分的研究和学习，了解目标文化的习俗、礼仪、价值观等方面的特点。这包括阅读相关的书籍和资料，与目标文化的人士进行交流，甚至亲身体验目标文化的生活方式。其次，翻译人员可以与客户或读者保持密切的沟通，以了解他们的期望和需求，并根据实际情况做出灵活的调整。最后，翻译人员可以寻求其他具有跨文化经验的专业人士的帮助和建议，以确保翻译的准确性和文化适应性。

总之，跨文化交流在翻译工作中至关重要。语言能力是翻译人员跨越语言障碍的基础，而对不同文化之间的差异的理解则是实现有效交流和理解的关键。翻译人员应该注重学习和研究不同文化的习俗、礼仪和价值观，灵活运用这些知识来实现准确和文化适应的翻译工作。通过跨越文化障碍，翻译人员可以促进不同文化之间的相互理解和尊重，为跨文化交流的成功做出贡献。

（三）翻译能力对语言能力的要求

1. 目标语言理解能力

翻译人才对目标语言的深入理解和熟悉是翻译能力的重要基础。他们需要掌握目标语言的语法、词汇、句式和表达习惯，以准确地传达源语言的意思和信息。这就要求翻译人才对目标语言具备广泛的知识和丰富的语言运用经验。

首先，翻译人才需要了解目标语言的语法结构和规则。他们应该熟悉目标语言的词类、句子成分和语序等基本语法要素。只有正确掌握目标语言的语法规则，才能避免在翻译过程中产生语法错误或表达不准确的问题。

其次，翻译人才需要熟悉目标语言的词汇。他们应该了解目标语言中常用的词汇，包括各个领域的专业术语和常见的习语表达。对于一些具有多义性或文化内涵的词汇，翻译人才还需要根据上下文和语境来准确选择合适的翻译词汇，以确保翻译的准确性和恰当性。

最后，翻译人才还需要了解目标语言的句式和表达习惯。不同语言有着不同的表达方式和语言习惯，翻译人才需要熟悉并掌握这些特点。他们应该了解目标语言中常用的句型结构、修辞手法和表达习惯，以便在翻译过程中灵活运用，使译文更加自然流畅。

除了语言本身，翻译人才还需要了解目标语言的社会文化背景和语言使用环境。语言是文化的一部分，不同的文化背景会影响到语言的使用方式和表达习惯。翻译人才需要了解目标语言所处的社会文化环境，包括习俗、价值观、社会关系等方面的特点。这样他们才能将源语言中的文化元素和内涵转化为目标语言读者容易理解和接受的形式，避免在翻译过程中产生文化冲突或误解。

总之，翻译人才对目标语言的深入理解和熟悉是翻译能力的关键要素。他们需要掌握目标语言的语法、词汇、句式和表达习惯，同时了解目标语言的社会文化背景和语言使用环境。这样才能实现准确、流畅和具有文化适应性的翻译工作。通过持续学习和实践，翻译人才可以不断提升对目标语言的理解和应用能力，为高质量的翻译作品提供保障。

2. 跨文化沟通能力

跨文化沟通能力是翻译人才必备的重要能力之一。在翻译工作中，翻译人员需要理解和传达不同文化间的差异和内涵，以确保翻译的准确性和有效性。以下是跨文化沟通能力的几个关键方面:

（1）文化意识和敏感性

文化意识和敏感性是翻译人才在跨文化沟通中至关重要的素养。它指的是对不同文化背景、价值观和社会习俗的认知和理解，并对其在翻译过程中的影响有敏锐的感知。第一，文化意识和敏感性要求翻译人才具备广博的文化知识。他们应该了解源语言和目标语言所属文化的历史、传统、价值观和习俗等方面。这种文化知识的积累可以通过学习相关的历史、文学、艺术、宗教、社会学等学科来实现。只有对文化有足够的了解，翻译人员才能更好地理解源语言中的文化内涵，并将其准确传达到目标语言中。第二，文化意识和敏感性要求翻译人才具备敏锐的文化感知能力。他们应该能够识别源语言和目标语言之间的文化差异，包括思维方式、价值观念、社会习俗等方面的差异。这种敏感性可以通过对不同文化的接触和交流来培养，例如与来自不同文化背景的人士进行交流、参与跨文化活动等。翻译人员应该学会从文化的角度审视语言和表达，理解语言背后的文化内涵，以确保翻译的准确性和适应性。在翻译过程中，文化意识和敏感性的重要性体现在以下几个方面：一是语言中常常蕴含着丰富的文化元素，如成语、习语、民俗等。翻译人员需要具备一定的文化意识和敏感性，能够理解和传达这些文化元素的内涵和用意。只有准确理解源语言中的文化元素，才能将其恰当地转化为目标语言，使译文更贴近目标文化的读者。二是文化意识和敏感性使翻译人员能够意识到文化之间的差异，避免在翻译过程中产生冲突和误解。翻译人员应该避免将源语言中的文化特定概念和价值观简单地套用到目标语言中，而是要根据目标文化的背景和习惯，灵活地选择合适的表达方式。三是翻译的最终目的是使译文能够被目标语言读者准确理解和接受。文化意识和敏感性使翻译人员能够更好地适应目标语言读者的文化背景，选择恰当的表达方式和文化符号，以提高译文的可读性和可接受性。总之，文化意识和敏感性对于翻译人才来说至关重要。它要求翻译人员具备广泛的文化知识，并能够敏锐地感知文化差异，以准确传达源语言中的文化元素，并适应目标语言读者的文化背景。只有具备了这种能力，翻译人员才能在跨文化交流中发挥其专业的作用。

（2）文化知识研究能力

文化知识研究能力是翻译人才在跨文化翻译中必不可少的一项能力。通过不断学习和深入研究不同文化的知识，翻译人员可以更好地理解和传达源语言中的文化内涵，并在翻译过程中准确把握文化差异。第一，文化知识的积累是翻译人员的基础。他们需要了解源语言和目标语言所属文化的历史、传统、习俗、宗教、价值观等方面。这种文化知识可以通过多种途径获取，包括阅读相关的书籍、文化杂志、学术论文，观看纪录片和电影，参观博物馆和艺术展览，以及与来自不同文化背景的人进行交流和互动等。通过广博的文化知识积累，翻译人员可以对不同文化有更全面的了解，从而更好地把握源语言中的文化元素。第二，深入研究目标文化是提升翻译质量的关键。翻译人员应该进行更为深入的文化研究，以了解目标文化的特点、特殊领域的术语和表达方式。他们可以查阅专业书籍、学术论文和研究成果，参与相关的学术讨论和研讨会，甚至进行实地调研和观察。通过深入研究目标文化，翻译人员可以更准确地把握文化差异和特点，避免在翻译过程中产生误解或失真。

文化知识研究能力对于跨文化翻译的重要性体现在以下几个方面：

·准确理解源语言中的文化内涵：文化知识使翻译人员能够更好地理解源语言中的文化元素和文化内涵。例如，了解源语言文化的历史背景和习俗可以帮助翻译人员正确理解某个词语或短语的含义和用法。只有准确理解源语言中的文化内涵，翻译人员才能将其恰当地传达到目标语言中。

·把握目标语言读者的文化背景：通过对目标文化的研究，翻译人员能够更好地了解目标语言读者的文化背景和语言使用环境。这有助于他们选择合适的表达方式和文化符号，使译文更贴近目标语言读者，增强译文的可读性和可接受性。

·避免误解和失真：文化知识和研究使翻译人员能够更准确地把握文化差异和特点，避免在翻译过程中产生误解或失真。通过深入了解目标文化，翻译人员可以避免将源语言中的文化特定概念和价值观简单地套用到目标语言中，而是能够根据目标文化的背景和习惯，选择恰当的表达方式和文化符号。

综上所述，文化知识研究能力对于翻译人才来说至关重要。它要求翻译人员具备广博的文化知识，通过深入研究不同文化，准确理解和传达源语言中的文化内涵，并能够适应目标语言读者的文化背景。只有具备了这种能力，翻译人员才能在跨文化翻译中达到更高的水平和质量。

3. 翻译技巧和策略

翻译技巧和策略是翻译人才在实际工作中必备的能力，它们能够帮助翻译人员应对不同类型和难度的翻译任务，提高翻译质量和效率。具体包括：

（1）筛选与整合信息

翻译人员需要从源语言文本中筛选和提取关键信息，以确保译文的准确性和简洁性。同时，他们还需要在目标语言中整合这些信息，使译文更具连贯性和流畅性。在翻译过程中，筛选与整合信息是一项重要的技巧和策略。翻译人员需要仔细阅读源语言文本，识别和理解其中的关键信息，以确保译文能够准确传达原文的含义和意图。筛选信息涉及从源语言文本中辨别出重要的概念、论点、事实和细节。这需要翻译人员具备良好的阅读理解能力和分析能力。他们需要识别出原文中的核心观点和关键信息，并将其保留在译文中。同时，他们还需要剔除掉一些次要的、冗余的或与主题无关的信息，以保持译文的简洁和精准。整合信息涉及将筛选出的关键信息组织和结构化，以使译文具有连贯性和流畅性。翻译人员需要考虑如何将源语言中的句子、段落和篇章结构转化为目标语言的相应结构。他们需要注意语法和语义上的一致性，以确保译文在目标语言中的表达符合语言习惯和规范。此外，翻译人员还需要考虑译文的组织结构和逻辑关系，使其与源语言文本保持一致或达到相似的效果。

（2）上下文理解和运用

翻译人员应该注重上下文的理解和运用，因为上下文可以为他们提供重要的语境信息，帮助准确翻译含义模糊或多义的词语或短语。同时，上下文还可以帮助翻译人员在目标语言中选择合适的表达方式。上下文理解和运用在翻译过程中扮演着重要的角色。翻译人员需要注重上下文的理解，并运用上下文信息来帮助他们准确翻译源语言文本中含义模糊或多义的词语或短语。上下文还能够为翻译人员提供语境信息，帮助他们选择目标语言中合适的表达方式。上下文理解是指翻译人员对源语言文本的周围信息和背景进行深入分析和理解。这包括文本前后的句子和段落，以及文本所属的领域、作者意图等方面的信息。通过对上下文的理解，翻译人员能够获取更全面的语境信息，从而更准确地把握原文的含义。在翻译过程中，运用上下文信息是为了避免误解和歧义。翻译人员可能会遇到源语言中具有多个可能意义的词语或短语。通过仔细分析上下文，翻译人员能够确定最合适的译文选项，以准确传达原文的含义。上下文提供了线索和暗示，帮助翻译人员理解作者的意图，并在目标语言中选择相应的表达方式。此外，上下文还能够为翻译人员提供目标语言中合适的表达方式。每种语言都有其独特的表达习惯和语言规则，因此翻译人员需要根据目标语言的特点，在理解上下文的基础上选择最适合的词汇、句式和语法结构。运用上下文信息可以帮助翻译人员避免直译和生硬的表达，使译文更加自然、流畅，并符合目标语言读者的语言习惯。需要指出的是，对上下文的理解和运用是一个相对复杂的过程，需要翻译人员具备良好的语言能力、阅读理解能力和文化背景知识。他们需要注意上下文中的细微差别和隐含信息，并灵活运用这些信息来进行翻译。同时，翻译人员也需要注意上下文的限制和局限性，避免过度依赖上下文而忽视其他重要的因素。综上所述，上下文理解和运用是翻译过程中至关重要的技巧和策略。通过注重上下文的深入分析和运用，翻译人员能够准确理解原文的含义，并选择最合适的译文表达方式，以实现准确、自然和流畅的翻译结果。

（3）策略性调整

策略性调整是翻译过程中的一个重要环节。翻译人员需要根据不同的翻译任务和目标语言读者的需求，灵活调整翻译策略，以达到最佳的翻译效果。翻译策略的调整涉及对翻译任务的整体考量和目标的把握。不同类型的翻译任务可能有不同的要求和目标，因此翻译人员需要针对具体情况采取相应的策略。对于文学作品的翻译，翻译人员可能会选择保留源语言中的文化元素和特色，以保持原作的风格和韵味。这是因为文学作品往往具有深厚的文化背景和独特的表达方式，如果完全剔除文化元素，可能会损失原作的独特性和魅力。翻译人员可以通过注释、脚注或其他方式向目标语言读者解释特定的文化背景和隐含意义，以确保他们能够准确理解和欣赏原作。而对于商业文件的翻译，翻译人员可能更注重清晰准确地传达信息。在商务领域，准确传达信息是至关重要的，因此翻译人员可能会选择使用简洁明了的表达方式，避免使用过于文艺化或复杂的语言结构。此外，翻译人员还需要考虑目标语言读者的背景和专业知识水平，以确保翻译结果能够准确传达原文的意图，并在商务环境中得到有效理解和应用。

此外，翻译人员还需要根据目标语言的语言习惯和文化背景进行策略性调整。每种语言都有其独特的表达方式、句式结构和习惯用语，翻译人员需要灵活运用这些语言特点，以使译文在目标语言中更自然、流畅，并与目标语言读者产生共鸣。

策略性调整的核心是在翻译过程中灵活把握，权衡各种因素，并选择最合适的翻译策略，以实现翻译目标。翻译人员需要具备深厚的语言和文化素养，以及灵活的思维能力和决策能力。他们需要不断学习和提升自己的翻译技能，以适应不同类型和难度的翻译任务，并为读者提供高质量的翻译成果。总之，综上所述，翻译人员需要在不同翻译任务和目标语言读者的需求之间进行策略性调整。他们需要灵活运用各种翻译策略，以实现准确、自然和符合读者期望的翻译结果。这要求翻译人员具备深厚的语言和文化素养，并具备灵活的思维和决策能力，以适应多样化的翻译需求。

（4）文化转换和调整

在翻译过程中进行文化转换和调整是确保译文在目标文化中准确理解和接受的重要环节。不同文化之间存在差异，包括文化元素、习俗和表达方式等方面，因此翻译人员需要运用适当的策略和技巧，将这些差异转化为适应目标文化读者的理解和习惯的表达方式。首先，翻译人员需要深入理解源语言文本中的文化背景和特点。他们需要通过文化研究和广泛阅读，了解源语言文本所处的文化环境、历史背景和社会习俗。这样可以帮助翻译人员把握源语言文本中的文化元素和含义，并在翻译过程中准确传达这些文化信息。其次，翻译人员需要将文化元素、习俗和表达方式转化为适应目标文化读者的理解和习惯的表达方式。这需要翻译人员具备深厚的目标语言知识和文化素养。他们可以通过使用目标语言中的等效文化元素或习俗来替代源语言文本中的特定文化元素，以确保译文在目标文化中的可理解性和接受性。最后，翻译人员还需要注意避免使用仅限于源语言文化的比喻、隐喻或俚语，而是选择更贴近目标文化读者认知习惯的表达方式。文化转换和调整还涉及对文化价值观的转化，不同文化有着不同的价值观和信仰体系，翻译人员需要将源语言文本中的价值观转化为符合目标文化读者价值观的表达方式。这要求翻译人员具备敏感的文化意识和判断力，能够理解和尊重不同文化间的差异，并在翻译过程中做出适当的调整。在进行文化转换和调整时，翻译人员需要保持平衡，既要尽可能准确地传达源语言文本的意思和文化内涵，又要确保译文在目标文化中的可理解性和自然流畅性。这需要翻译人员运用自己的语言能力和文化素养，以及对目标文化的深入了解，做出恰当的决策和选择。总而言之，文化转换和调整是翻译过程中的一项重要任务。翻译人员需要深入理解源语言文本中的文化元素、习俗和表达方式，并将其转化为符合目标文化读者习惯的表达方式，这要求翻译人员具备丰富的目标语言知识、文化素养和敏感的文化意识，以确保译文在目标文化中准确理解和接受。通过合理的文化转换和调整，翻译人员能够创造出更具有文化融合和传播价值的译文。

（四）翻译能力与语言能力的相互促进

1. 翻译能力对语言能力的提升

翻译能力对语言能力的提升是一个相互促进的过程。通过实践翻译工作，翻译人才能够在运用自身翻译能力的过程中不断提升自己的语言理解和表达能力，丰富词汇和语法知识。

首先，翻译实践对语言理解能力的提升至关重要。在翻译过程中，翻译人才需要深入理解源语言文本的语法结构、词义和语义，以准确地传达原文的含义。通过面对各种主题和领域的翻译任务，翻译人才不仅能够接触到不同领域的专业术语和语言表达方式，还能够理解并运用不同语言风格和文体特点。这种广泛的接触和实践会促使翻译人才对语言的理解逐步加深，掌握更多的语言结构和用法。

其次，翻译实践对表达能力的提升也起到重要的作用。在翻译过程中，翻译人才需要将源语言中的信息和意义转化为目标语言，并保持译文的流畅性和自然度。这要求翻译人才具备良好的表达能力，能够灵活运用词汇、句式和语言风格。通过不断进行翻译实践，翻译人才能够在实际应用中提升自己的表达能力，掌握不同场景和目标读者所需的语言表达方式。此外，翻译实践也为翻译人才提供了丰富词汇和语法知识的机会。在处理各种领域和主题的翻译任务时，翻译人才不仅需要掌握常用词汇和语法规则，还需要学习和运用各个领域的专业术语和表达习惯。通过积极学习和应用这些词汇和语法结构，翻译人才的词汇量和语法知识会逐渐增加，使其能够更准确地选择和运用适合的词汇和句式。

总之，通过实践，翻译能力对语言能力的提升具有重要作用。通过实际的翻译工作，翻译人才能够加深对语言的理解，提高表达能力，并丰富词汇和语法知识。这种相互促进的过程使得翻译人才在语言能力上得到全面的提升，并能够更好地应对不同领域和类型的翻译任务。因此，持续的翻译实践对于提升翻译人才的语言能力具有重要意义。

2. 语言能力对翻译能力的支持

语言能力对翻译能力的支持是翻译过程中不可或缺的要素。具备扎实的语言能力可以提高翻译的准确性和流畅性，帮助翻译人才更好地传达意思。

首先，语言能力对于准确翻译非常关键。准确翻译是翻译工作的核心目标之一，而语言能力在实现准确翻译的过程中起着重要作用。翻译人才需要熟悉源语言和目标语言的语法结构、词汇用法以及语义差异，以确保译文能够准确地传达原文的含义。通过扎实的语言能力，翻译人才能够理解和解析源语言文本的细微差别和含义，从而选择合适的目标语言表达方式。语言能力的准确性直接影响到译文的准确性，因此，翻译人才需要不断提升自己的语言能力，以确保译文能够精确传达原文的意思。

其次，语言能力对于翻译的流畅性和自然度至关重要。翻译并不仅仅是简单地将源语言文本逐字逐句地转换为目标语言，而是要将原文的意思以流畅、自然的方式传达给目标读者。良好的语言能力使翻译人才能够灵活运用语言表达方式，选择恰当的词汇、短语和句式，使译文具有良好的语言流畅性和可读性。此外，语言能力还帮助翻译人才在翻译过程中解决语言的转换问题，将源语言中的表达方式和习惯转化为适应目标语言读者的表达方式和习惯，使译文更贴近目标文化和语言环境。

此外，语言能力还对翻译的风格和语感产生影响。不同语言具有独特的语言风格和文体特点，翻译人才需要通过良好的语言能力来把握和运用这些特点，以使译文在目标语言中能够保持与原文相近的风格和语感。语言能力使翻译人才能够捕捉到源语言文本的情感、节奏和修辞，将其恰当地转化为目标语言的文体特点，使译文在保持原作风格的同时，也具备目标文化读者习惯的可读性和可接受性。

总之，语言能力对于翻译能力的支持是不可或缺的。它在翻译过程中发挥着重要的作用，提高翻译的准确性、流畅性和自然度。翻译人才应该通过不断学习和提升语言能力，掌握源语言和目标语言的语法、词汇和表达方式，以确保翻译工作的质量和效果。同时，语言能力也需要通过实践和应用来不断提升，与翻译能力相互促进，共同提升翻译人才的综合能力。

3. 翻译人才的不断学习带来两种能力的同步提升

不断学习和提升是翻译人才在语言能力和翻译能力方面的重要任务。通过持续学习和实践，翻译人才可以将语言能力和翻译能力相互融合，并不断提升自己的综合能力。

首先，不断学习语言能力是翻译人才的基本要求。语言是翻译的工具和媒介，因此翻译人才需要持续学习和提升自己的语言能力。这包括扩展词汇量、深入理解语法规则、熟悉不同语言的特点和表达习惯等。通过学习语言，翻译人才可以更准确地理解源语言文本，并更流畅地表达译文。此外，随着语言的发展和变化，翻译人才还需要持续跟进新词汇、新用法和新表达方式，以适应时代的变化和语言的发展。

其次，不断学习翻译技巧和策略是提升翻译能力的关键。翻译技巧和策略是在具体的翻译任务中应用语言能力的方法和手段。翻译人才可以通过学习和了解各种翻译技巧和策略，掌握不同类型和难度翻译任务的解决方法。这包括学习如何处理语言难点、如何进行文化转换和调整、如何在翻译过程中保持一致性和连贯性等。通过不断学习和实践，翻译人才可以提高自己的翻译效率和质量，逐步形成自己独特的翻译风格和方法论。此外，不断学习和实践还包括了解不同领域和专业知识。翻译涉及各个领域的文本，包括科技、医学、法律、文学等。翻译人才应该不断学习和了解这些领域的专业知识，以便更好地理解和翻译相关文本。这需要翻译人才具备广泛的阅读和学习能力，通过阅读专业书籍、参加培训和学术研讨会等方式，不断增加自己的专业知识储备。

最后，不断学习和提升还需要积极参与实际翻译项目和实践活动。仅仅学习知识是不够的，翻译人才需要将所学知识应用到实际翻译中，通过实践来巩固和提升自己的翻译能力。这可以通过参与翻译项目、与其他翻译人员的交流和合作、接受客户的反馈和评价等方式来实现。实践中的挑战和经验可以帮助翻译人才不断成长和进步，发现自身的不足并加以改进。

综上所述，不断学习和提升是翻译人才的重要任务，它涵盖了语言能力和翻译能力的综合发展。通过持续学习语言、掌握翻译技巧和策略、了解各个领域的专业知识，并积极参与实践，翻译人才可以不断提升自己的综合能力，为更好地完成翻译任务做出贡献。

四、跨文化交际视野下的翻译实践

（一）文化适应能力的培养

1. 文化适应能力的定义和重要性

在跨文化翻译中，文化适应能力是指翻译人员理解、尊重和适应不同文化背景和价值观的能力。它涉及对文化差异的敏感性、文化知识的掌握以及对文化特点在翻译过程中的恰当运用。文化适应能力在跨文化翻译中起着关键的作用。第一，它能帮助翻译人员准确地理解源语言文本的文化内涵和意义。每个文化都有其独特的价值观、传统和思维方式，这些因素会对语言表达产生影响。通过文化适应能力的运用，翻译人员能够更好地理解源语言文本所蕴含的文化背景和文化内涵，从而准确地传达信息。第二，文化适应能力对于建立良好的跨文化关系至关重要。翻译人员需要与不同文化背景的人士进行有效的交流和合作。通过展示对目标文化的理解和尊重，翻译人员能够增加与目标受众的互信和合作意愿，促进有效的跨文化交流。

文化适应能力对于翻译的准确性和有效性至关重要。在翻译过程中，文化差异可能导致源语言和目标语言之间的误解和歧义。只有通过良好的文化适应能力，翻译人员才能更好地解决这些问题，确保信息的准确传达。此外，文化适应能力也对于建立良好的跨文化关系具有重要意义。翻译人员作为文化的桥梁和沟通的纽带，需要具备与不同文化背景的人士建立联系和合作的能力。通过展示对目标文化的尊重和理解，翻译人员能够打破文化隔阂，增加与目标受众的共鸣和信任，从而更好地实现跨文化交际的目标。因此，文化适应能力是跨文化翻译中不可或缺的核心能力。它不仅对于准确传达信息至关重要，还对于建立良好的跨文化关系具有深远的影响。通过培养和提高文化适应能力，翻译人员能够在跨文化翻译实践中更加成功地应对文化差异，实现有效的跨文化交流与理解。

2. 学习和研究不同文化

第一，研究不同文化的历史、背景、价值观和习俗的重要性。研究不同文化的历史、背景、价值观和习俗对于培养文化适应能力至关重要。了解目标文化的历史可以帮助翻译人员更好地理解该文化形成的背景和演变过程，从而更准确地理解其文化内涵和特点。背景知识的掌握有助于翻译人员避免对源语言文本产生片面或错误的理解，从而准确地传达信息。价值观和习俗是文化的核心元素，对于人们的思维方式、行为准则和社会互动起着重要影响。通过研究不同文化的价值观和习俗，翻译人员可以更好地把握和运用源语言文本中的文化元素，确保译文在目标文化中得到准确理解和接受。了解目标文化的价值观和习俗还可以帮助翻译人员避免翻译过程中可能出现的文化冲突和误解。

第二，学习相关文化知识可以增加文化适应能力的方法和途径。学习相关文化知识是提升文化适应能力的重要途径之一。翻译人员可以通过多种方式来学习和获取相关文化知识。首先，阅读相关的书籍、文章和研究资料是一种常见的学习途径。通过深入阅读关于目标文化的专业著作、历史文献和社会科学研究，翻译人员可以系统地了解目标文化的各个方面，包括其历史、文化背景、社会结构、价值观和习俗等。其次，参与专门的跨文化培训课程或工作坊也是增加文化适应能力的有效途径。这些培训活动通常会提供实用的案例分析、跨文化交流技巧和文化适应策略等方面的指导，帮助翻译人员更好地理解和应对文化差异。通过与专业导师和其他参与者的互动交流，翻译人员能够在实际情境中锻炼和应用文化适应能力。此外，利用现代技术手段，如互联网和社交媒体，也可以广泛获取有关目标文化的信息和资源。通过参与在线论坛、社群平台或博客，翻译人员可以与目标文化的人士进行交流，了解他们的观点、经验和见解，从而加深对目标文化的理解和认识。

第三，深入了解目标文化对于培养文化适应能力有重要影响。深入了解目标文化对于培养文化适应能力至关重要。文化是一个复杂而多元的概念，仅仅了解表面的文化特征和习俗是远远不够的。翻译人员需要深入挖掘目标文化的深层次内涵，理解其根源、哲学思想、社会制度以及对个人行为和价值观的影响。通过深入了解目标文化，翻译人员可以更好地把握其文化背景和价值观，更准确地进行语言转换和文化转化。此外，深入了解目标文化还可以培养翻译人员对文化差异的敏感性，使其能够在翻译过程中更加细致地考虑目标文化读者的背景和需求，以便产生更准确、贴切和可接受的译文。总结起来，学习和研究不同文化对于培养文化适应能力至关重要。通过研究目标文化的历史、背景、价值观和习俗，翻译人员可以深入了解目标文化的内涵和特点，从而更准确地传达信息。同时，通过学习相关文化知识和参与跨文化培训，翻译人员可以获得实用的工具和技巧，提高文化适应能力。最重要的是，深入了解目标文化对于培养文化适应能力的影响和重要性，可以帮助翻译人员更好地理解和尊重不同文化，建立跨文化的信任和合作关系。

3. 文化敏感性的培养

文化敏感性是指对不同文化之间差异的敏感和理解能力。在跨文化翻译中，文化敏感性起着至关重要的作用。它可以帮助翻译人员更好地理解和尊重目标文化，避免文化冲突和误解，从而准确地传达信息。文化敏感性还有助于建立良好的跨文化关系，促进文化交流和互动。

与目标文化人士交流是增加文化理解和敏感性的重要方法之一。翻译人员可以寻找机会与目标文化人士进行对话、交流意见和分享经验。这样的互动可以帮助翻译人员更好地理解目标文化的价值观、信仰、社会规范和行为习惯。通过与目标文化人士的交流，翻译人员可以深入了解其思维方式、情感表达和语言使用习惯，从而更好地理解和传达其文化中的细微差别。此外，参与目标文化的活动和节日庆祝也是增加文化敏感性的有效途径。参加目标文化的庆祝活动可以让翻译人员亲身体验目标文化的习俗、仪式和节庆氛围。通过参与其中，翻译人员可以更加深入地了解目标文化的价值观和社会行为准则，从而提高对文化差异的敏感性。

在培养文化适应能力的过程中，尊重和理解目标文化是至关重要的。尊重目标文化意味着翻译人员对该文化的价值观、信仰、传统和行为习惯持开放和尊重的态度。翻译人员应努力摒弃自身的文化偏见和刻板印象，以客观和包容的心态去理解目标文化。理解目标文化涉及对其历史、社会结构、心理模式和价值观的深入研究和思考。翻译人员应该主动学习和了解目标文化的背景知识，并在翻译过程中运用这些知识来解读和传达文本中的文化内涵。通过对目标文化的深入理解，翻译人员可以更准确地转换语言和文化，使译文更具有目标文化的特色和表达方式。

总之，文化敏感性的培养对于跨文化翻译至关重要。通过与目标文化人士交流，翻译人员可以增加对目标文化的理解和敏感性。同时，尊重和理解目标文化也是提高文化适应能力的关键因素。翻译人员应持开放和包容的态度，摒弃文化偏见，通过学习和研究深入了解目标文化，以准确地传达信息，并建立良好的跨文化关系。

4. 自我反思和学习

定期进行自我反思是培养文化适应能力的关键步骤之一。翻译人员应该反思自己的文化偏见和假设，审视自己对其他文化的刻板印象和偏见是否存在。这需要翻译人员保持开放和谦虚的心态，主动意识到自身文化背景对理解和传达信息的影响。通过自我反思，翻译人员可以发现自己的盲点和局限性，并努力纠正和改善。他们可以思考自己在翻译过程中是否存在歧视或误解目标文化的倾向，并寻找解决方法来提高文化适应能力。

自我反思与学习是提高文化适应能力的重要方法和技巧。翻译人员可以通过以下方式来实施：

第一，反思自身文化背景：翻译人员应该意识到自己的文化背景对翻译过程的影响，并思考这些影响可能导致的偏见和误解。他们可以反思自己在处理文化差异时的反应和态度，并努力纠正偏见。

第二，学习和研究：翻译人员应持续学习和研究不同文化的历史、背景、价值观和习俗。他们可以通过阅读相关的书籍、文章和研究资料来增加对目标文化的了解。此外，参加跨文化培训课程或工作坊也是提高文化适应能力的有效途径。

第三，反馈和修正：翻译人员可以寻求他人的反馈和意见，特别是来自目标文化的人士。通过他们的反馈，翻译人员可以了解自己在文化适应方面的不足，并进行修正和改进。

持续学习和发展是提高文化适应能力的关键。翻译人员应保持学习的心态，不断探索和了解不同文化的细节和差异。他们可以通过参加翻译培训课程、研讨会和学术会议来扩展自己的知识和技能。此外，翻译人员还可以通过参与跨文化项目式与目标文化人士合作来提升自己的文化适应能力。这些实践经验将为他们提供宝贵的机会，可以进一步了解和体验目标文化，并在实际翻译工作中提高文化适应能力。总之，自我反思和学习是培养文化适应能力的重要环节。通过定期反思和审视自己的文化偏见和假设，翻译人员可以增强对目标文化的理解和敏感性。同时，持续学习和发展也是提高文化适应能力的关键因素，翻译人员应不断探索和学习，以不断提升自己的文化适应能力，更好地应对跨文化翻译的挑战。

（二）语境理解与转换能力的培养

1. 语境的理论背景

语境，即“必须在句子联系中研究语词的意谓，而不是个别地研究语词的意谓”[①]。“语境”的概念诞生于20世纪30年代，由人类学家马林诺夫斯基提出，后经弗斯扩展，把语境从语言上下文拓展到语言使用时的主客观环境。现在，语境既包括文本上下文，也包括文本产生时的主客观环境，这已成为共识。王建平对语境的定义进行了综合，他说，“语境就是交际过程中语言表达式表达某种特定意义时所依赖的各种表现为言辞的上下文或不表现为言辞的主客观环境因素”[②]。为方便讨论，我们把表现为言辞的上下文简称为“言内语境”，包括文本的前言后语以及与文本语码相应的语言系统本身；不表现为言辞的主客观环境因素称为“言外语境”。言外语境又可分为情景语境和社会文化语境两类。情景语境是具体的参与交际的人、发生的事、交际的渠道、交际者的个体心理及相互关系等。社会文化语境指语言运用的社会文化背景、历史文化传统、思维方式、价值观念、及社会心理等，“文化语境是社会结构的产物，是整个语言系统的环境。具体的情景语境则来源于文化语境”。

交际是从信息发出者到信息接受者的一种信息传递过程，包括信息的编码和解码两个过程。交际双方有条件地联系在一起，组成一个“交际

① 杨传礼，王路主编．大学英语词汇用法词典[M]．哈尔滨：哈尔滨工业大学出版社，1996.

② 王建平．语言交际中的艺术：语境的逻辑功能[M]．北京：求实出版社，1989.

场”[①]，这个“交际场”就是语言环境，即语境。只有在这个“交际场”中交际活动才能正常进行，信息交流才能够实现。说写者通过语境表达思想，听读者借助语境理解说写者的话语[②]。可见，交际中信息的传递是在语境中实现的，离开了语境，符号就没有意义，不能传递任何信息。只有在特定的语境中，符号才能实现其交际功能。信息发出者编出的语码所承载的真实信息，只有在穿透言内语境、情景语境、社会文化语境的层层包围，经过层层语境因素的过滤、限制、补充后，才能成功到达信息接受者。相对的信息接受者要想看透原语码的真实信息和意义，也只有揭开言内语境、情景语境和社会文化语境的层层面纱，方能领略其中风采。

以上所述都属于静态语境范畴，而语境也是动态变化不断发展的。有时，交际者即使根据静态语境完全了解发出者的原意，但是为了交际目的，翻译的标准也会不断变化。

2. 提高语境理解能力的方法和途径

提高语境理解能力对于有效地进行语言交流和沟通至关重要。无论是进行口语交流还是阅读理解，都需要对语境进行准确的理解。语境是指语言使用的背景、环境和情境，包括语境中的语法、词汇、语气、非语言信息等因素。在不同的语境中，同样的词语和句子可能具有不同的含义和解读，因此提高语境理解能力可以帮助我们更好地理解他人的意图、表达和文化背景。

首先，学习源语言的语言和文化背景是提高语境理解能力的基础。语

---

① 王希杰. 修辞学通论 [M]. 南京：南京大学出版社，1996.

② 徐翁宇，王冬竹主编. 语言学：21 世纪展望 [M]. 西安：陕西师范大学出版社，2000.

言是文化的表达和传承工具，不同的语言背后蕴含着不同的价值观、思维方式和表达方式。通过学习源语言的语言和文化背景，我们可以更好地理解语言使用者的文化习惯、社会背景和认知模式，从而更准确地解读语境中的意义。可以通过阅读相关的文化和社会背景资料，参与相关的文化活动或交流，并与母语人士进行交流和互动来深入了解源语言的语言和文化背景。

其次，广泛阅读源语言文本是提高语境理解能力的重要途径之一。阅读是扩大词汇量、了解语言用法和习惯、熟悉常见表达方式的有效方式。通过阅读源语言的文学作品、新闻、专业文献等不同类型的文本，我们可以接触到不同领域的词汇和表达方式，了解不同语境下的语言特点和习惯用法。此外，通过大量的阅读，我们还可以培养对语境中信息的敏感度和洞察力，提高理解和推测的能力。

最后，学习分析语境中的语法、词汇、句子结构等要素是提高语境理解能力的重要手段。语法、词汇和句子结构是语言的基本要素，它们在不同的语境中可能会有不同的表达方式和含义。通过学习语法规则、词汇的多义性和句子结构的变化，我们可以更好地理解语境中的语言使用方式。可以通过参加语言培训课程、阅读语法和词汇学习资料、进行语法和句子结构分析等方式来提高对这些要素的理解和运用能力。此外，借助辅助工具和资源也可以帮助提高语境理解能力。现代技术提供了许多辅助工具和资源，如词典、语料库、在线翻译工具等，可以帮助我们更准确地理解语境中的词语和句子。词典可以提供单词的多义性和用法示例，语料库可以提供大量真实语境下的语言使用样本，在线翻译工具可以提供即时的翻译和解释。这些辅助工具和资源可以在我们遇到理解困难的时候提供帮助，同时也可以作为学习工具，帮助我们更深入地理解语境中的语言使用。

综上所述，提高语境理解能力需要多方面的努力和学习。学习源语言的语言和文化背景可以帮助我们更好地理解语言使用者的意图和文化背景，广泛阅读源语言文本可以扩大词汇量、了解语言用法和习惯，学习分析语境中的语法、词汇、句子结构等要素可以提高对语言使用方式的理解，借助辅助工具和资源可以在理解困难时提供帮助。通过这些方法和途径的综合应用，我们可以不断提升语境理解能力，更准确地理解和运用语言。

3. 语境转换能力的培养

语境转换是指将源语言信息转化为目标语言信息时，根据目标语言的语言和文化背景进行调整和转换，以确保信息的准确传达和有效沟通。在跨语言交流和翻译过程中，语境转换的能力是至关重要的。下面将从强调语境转换的重要性、学习目标语言的语言和文化背景、练习语境转换的方法以及阅读优秀翻译作品的意义等方面对语境转换的能力培养进行论述分析。

首先，强调语境转换对于将源语言信息转化为目标语言信息具有重要性。每种语言都有自己独特的语言结构、语法规则、习惯用法和文化背景，因此直接将源语言信息逐字逐句地转化为目标语言可能导致信息不准确、不通顺甚至失去原本的意义。语境转换需要考虑到目标语言受众的文化背景、思维方式和表达习惯，以便使信息在目标语言中得到恰当的表达和理解。例如，某个习惯用语在源语言中可能是一种常见的表达方式，但在目标语言中可能需要使用不同的习惯用语来传达相同的意思。因此，强调语境转换可以提高翻译质量，使目标语言信息更符合受众的语言和文化习惯。

其次，学习目标语言的语言和文化背景是有效地进行语境转换的基础。了解目标语言的语法规则、词汇用法、习惯表达以及文化背景可以帮助我们更好地理解目标语言的语言使用方式和表达习惯。通过学习目标语言的语言和文化背景，我们可以熟悉目标语言的惯用表达、隐喻和文化特点，从而能够更准确地进行语境转换。可以通过参加语言培训课程、阅读相关文化资料、观看目标语言的电影和电视节目等方式来学习目标语言的语言和文化背景。

最后，练习从源语言到目标语言的语境转换是提高语境转换能力的重要方法。这包括句子结构的调整、习惯用语的转换、隐喻的理解和转换等。通过大量的练习，我们可以逐渐熟悉源语言和目标语言之间的差异和相似之处，培养从源语言到目标语言的语境转换能力。可以通过进行语境转换的练习题目，参与翻译实践，进行语言对比和对照等方式来进行练习。此外，阅读和学习优秀的翻译作品对于提高语境转换能力也具有重要意义。优秀的翻译作品反映了语境转换的高水平和艺术性。通过阅读和分析优秀的翻译作品，我们可以学习到不同的语境转换策略和技巧，了解如何在不同的语境下进行转换，从而提高自己的语境转换能力。可以选择经典文学作品、专业翻译作品、口译实况记录等进行阅读和学习，并结合原文和译文进行比较和分析。

综上所述，语境转换的能力培养需要重视其在跨语言交流和翻译中的重要性，并采取相应的学习和实践措施。强调语境转换的重要性可以提高翻译质量和信息传达的准确性，学习目标语言的语言和文化背景可以帮助我们更好地进行语境转换，练习从源语言到目标语言的语境转换可以培养我们的转换能力，阅读和学习优秀的翻译作品可以提供宝贵的语境转换策略和经验。通过综合运用这些方法和途径，我们可以逐渐提升语境转换的能力，实现准确、流畅和有效的语言转化和沟通。

4. 强调实践和反馈的重要性

强调实践和反馈的重要性对于提高语境理解和转换能力至关重要。语境理解和转换是一项实践性的技能，需要通过实际的翻译任务和与专业人士的互动来不断提升。下面将从实践翻译任务、专业人士的反馈和指导、自我反思和评估等方面进行提升方式的论述分析。

第一，提倡通过实践翻译任务来提高语境理解和转换能力。实践是培养语境理解和转换能力的有效途径。通过实际的翻译任务，我们可以接触到各种不同类型的文本和语境，锻炼我们的语言处理和转换能力。在实践中，我们可以将学到的语言知识应用到具体的翻译场景中，遇到困难和挑战时，通过实际操作来解决问题，提高我们的语境理解和转换的准确性。实践翻译任务可以包括从简单到复杂的不同难度的文本，涵盖各种语境和主题，以全面锻炼我们的能力。

第二，寻求专业人士的反馈和指导对于提高语境理解和转换能力非常重要。专业人士拥有丰富的翻译经验和专业知识，他们的反馈和指导可以帮助我们发现和纠正自己在语境理解和转换中的问题。可以将自己的翻译作品提交给专业人士进行评审，或者积极参与翻译社群和专业论坛的讨论，与其他翻译者交流和分享经验。专业人士的反馈和指导可以帮助我们深入理解语境中的细微差别和文化内涵，提升我们的语境理解和转换的准确性。

第三，不断反思和评估自己在语境理解和转换方面的表现，寻找改进的方法和策略。语境理解和转换是一个不断学习和成长的过程，需要我们时刻反思和评估自己的表现。在实践中，我们可以反思自己在处理语境转换时的困难和错误，思考如何改进和提高。可以建立一个反馈机制，例如记录自己的翻译过程和经验，与其他翻译者进行互动和交流，寻求他们的意见和建议。通过不断地自我评估和反思，我们可以发现自己的不足之处，并积极寻找改进的方法和策略，进一步提高语境理解和转换的准确性。

综上所述，强调实践和反馈的重要性对于提高语境理解和转换能力至关重要。通过实践翻译任务，我们可以锻炼语境理解和转换的能力；寻求专业人士的反馈和指导可以帮助我们发现问题并改进；不断反思和评估自己的表现可以帮助我们找到改进的方法和策略。通过持续的实践和反馈，我们可以不断提高自己在语境理解和转换方面的能力，实现准确、流畅和有效的翻译和语言表达。

（三）文本解读与分析能力的培养

在当今全球化的背景下，跨文化交际变得越来越重要。不同文化之间的交流和理解成为推动国际合作和交流的关键。在这样的背景下，翻译作为沟通不同文化之间的桥梁起到了重要的作用。跨文化翻译不仅仅是简单的语言转换，还需要深入理解源文本的语境、文化内涵和隐含意义，并准确地将其转化为目标文本。因此，文本解读与分析能力成为跨文化翻译中不可或缺的技能和素养。文本解读与分析能力是指在翻译实践中能够深入理解源文本的含义、上下文和语境，并能准确地将其转化为目标语言的能力。这种能力不仅仅要求对语言的掌握，还需要对文化、社会和历史等方面有深入的了解。文本解读与分析能力能够帮助翻译者准确捕捉文本的细微差别、文化内涵和情感色彩，从而实现跨文化交际的有效传达和理解。

1. 跨文化交际视野下的翻译实践需要文本解读与分析能力

跨文化交际是指在不同语言和文化背景下进行交流和理解的过程。随着全球化的推进，跨文化交际成为了日常生活、商务合作和国际交流的重要组成部分。在跨文化交际中，语言和文化差异可能导致误解、偏见，甚至冲突，而翻译作为一种跨越语言和文化的沟通方式，在促进跨文化交际中起到了重要的桥梁作用。

翻译在跨文化交际中扮演着至关重要的角色。它不仅仅是简单地将一种语言转化为另一种语言，更重要的是在转换过程中传达源语言的文化内涵、习惯和价值观。通过翻译，不同语言和文化背景的人们可以相互理解、沟通和合作，促进文化交流和融合。翻译的作用不仅限于商务和政治领域，也涉及文学、艺术、媒体等各个领域。

在跨文化翻译实践中，文本解读与分析能力是不可或缺的。翻译者需要通过深入理解源语言文本的含义、上下文和语境，准确把握其中的文化细节、习惯用法和隐含意义，并将其转化为目标语言的对等表达。文本解读与分析能力要求翻译者具备广泛的文化知识和跨文化的敏感度，能够识别和处理语言和文化之间的差异。只有具备这种能力，翻译才能真正实现准确传达和有效沟通的目标。通过培养文本解读与分析能力，翻译者可以更好地理解和处理源文本的信息和意义，把握其中的文化内涵，并将其转化为目标语言的文本。这不仅有助于消除语言和文化之间的障碍，还能提高翻译的准确性和流畅度，确保跨文化交际的顺利进行。因此，翻译实践中的文本解读与分析能力是非常重要的，翻译者应该不断努力培养和提升这方面的技能。

2. 文本解读与分析能力的培养

（1）学习源语言和目标语言的语言和文化背景

翻译的目的是在不同文化背景下进行有效的跨文化交流，因此学习目标语言的语言和文化背景同样重要。通过了解目标语言国家的历史、地理、社会制度等方面，翻译者可以更好地理解目标文化的价值观和文化传统。学习目标语言的语法、词汇和语言表达习惯是掌握目标语言的基础。类似于学习源语言，阅读目标语言的文学作品、新闻报道、专业文献等也是学习目标语言文化的重要途径。文学作品可以展现目标语言社会的价值观、思维方式和文化传统。新闻报道可以使翻译者了解目标语言社会的时事动态和社会问题。专业文献则能帮助翻译者深入理解目标语言领域的专业术语和概念。总之，学习源语言和目标语言的语言和文化背景对于翻译者的文本解读与分析能力至关重要。通过对源语言和目标语言的学习，翻译者可以更好地理解文本中的文化内涵、习惯用法和隐含意义。这种全面的语言和文化背景知识不仅提高了翻译的准确性和流利度，而且有助于确保翻译在跨文化交际中的成功传达和交流。

（2）掌握文本解读和分析的基本方法

文本解读和分析是翻译中不可或缺的技能，它们帮助翻译者深入理解源文本并有效地转化为目标语言文本。以下是一些基本的方法和技巧：

· 语法和句法分析：翻译者需要熟悉源语言和目标语言的语法规则和句法结构。通过分析句子的成分、语法关系和句子结构，翻译者可以准确理解句子的含义和逻辑关系。

· 词汇和短语解读：理解文本中的词汇和短语是文本解读的关键。

翻译者需要注意词汇的多义性和文化差异，以确保选择恰当的目标语言词汇。对于短语和固定搭配，翻译者应该了解其惯用意义和表达方式。

·上下文理解和推测：文本解读不仅仅是理解单个词汇和句子，还需要考虑上下文的作用。翻译者应该注意前后文的信息，通过推测和推理来揭示隐含意义和上下文中的信息。理解上下文有助于准确把握语境和文化背景，以便进行恰当的翻译。

在实际操作中，翻译者可以使用一些辅助工具和资源来支持文本解读和分析。例如，词典和语料库可以提供词汇释义、用法示例和相关短语，帮助翻译者更好地理解和选择合适的译文。同时，与专业人士和同行进行交流和讨论，寻求反馈和指导，也是提高文本解读和分析能力的重要途径。

综上所述，掌握文本解读和分析的基本方法对于翻译者来说是至关重要的。语法和句法分析、词汇和短语解读，以及上下文理解和推测，都有助于准确理解源文本并进行准确、流畅的翻译。通过不断练习和积累经验，翻译者可以逐步提升自己的文本解读和分析能力，为跨文化交际提供更好的翻译服务。

（3）注重文本的文化细节和隐含意义

在翻译实践中，文化细节是必须要关注的重要因素。文本中的文化细节是与特定文化背景相关的信息，包括习俗、传统、价值观、社会观念等。这些细节对于准确理解和传达文本的意义至关重要。翻译者应该具备对源语言文化和目标语言文化的深入了解，以能够识别和处理文化细节。了解不同文化之间的差异，可以避免在翻译过程中产生文化冲突或误解。翻译者需要注意文本中与文化有关的隐喻、象征、习惯用语等，确保在翻译中传达出正确的文化内涵。

文本中的隐含意义是指超出字面表达的含义和信息。它们可能依赖于特定的文化背景、上下文和修辞手法。翻译者需要善于解读并转换隐含意义，以确保翻译的准确性和自然流畅性。解读隐含意义需要翻译者具备敏锐的分析能力和深入的文化了解。翻译者应该注意文本中的比喻、暗示、谐音、双关语等修辞手法，以及文本中的隐含观点、态度和情感。通过综合考虑上下文、文化背景和修辞手法，翻译者可以转换隐含意义为适合目标语言文化的表达方式。在翻译实践中，注重文本的文化细节和隐含意义有助于提高翻译的质量和效果。这要求翻译者在文本解读和转换过程中保持敏感性和灵活性，充分考虑源文本和目标文本所承载的文化背景和特点。同时，翻译者也可以借助专业工具和资源，如文化百科、语料库和专业人士的指导，以确保文本中的文化细节和隐含意义得到准确理解和传达。综上所述，注重文本的文化细节和隐含意义是翻译实践中不可忽视的重要方面。翻译者需要深入了解源语言和目标语言的文化背景，解读和转换文本中的文化细节和隐含意义，以确保翻译的准确性、流畅性和适应性。

3. 翻译实践中的文本解读与分析能力

（1）实践中会遇到的挑战和困难

在翻译实践中，文本解读和分析能力面临着一些挑战和困难。以下是两个常见的问题：

一是文化差异导致的理解障碍，不同文化之间存在着差异，包括价值观、习俗、社会制度等方面。这些文化差异可能导致翻译过程中的理解障碍。例如，某个文化中的习语、隐喻或象征可能在另一个文化中没有直接的对应，这就需要翻译者在文本解读中做出选择和转换，以适应目标语言文化的表达方式。同时，文化背景的不同也可能导致对某些概念或观念的理解和诠释存在差异，翻译者需要对此有敏锐的意识，并在翻译过程中进行准确的文化转换。

二是文本复杂性带来的分析困难，某些文本具有复杂的结构、语法或表达方式，这会增加翻译者在解读和分析文本时的困难。例如，一些长句子、隐含意义较多的段落、技术性或专业性的文本等都需要翻译者有高度的语言分析能力和细致的解读能力。翻译者需要仔细分析句子的结构、词汇的意义和上下文的关系，以确保准确理解和传达文本的含义。此外，某些文本可能存在歧义或多重解读的可能性，这就需要翻译者具备判断力和决策能力，选择最恰当的翻译策略。

（2）解决挑战和困难的方法和策略

解决挑战和困难的方法和策略在翻译实践中具有重要意义。文本解读和分析是翻译过程中至关重要的环节，它们直接影响翻译质量和准确性。在跨文化交际视野下的翻译实践中，翻译者需要面对多种文本复杂性和文化差异，这给文本解读和分析能力带来了挑战和困难。然而，通过借助辅助工具和资源、与他人交流和讨论，以及持续学习和提升自身的知识和技能，翻译者可以有效地解决这些挑战，提升文本解读和分析的能力。

首先，借助辅助工具和资源是提高文本解读和分析能力的重要手段。在现代翻译实践中，有许多辅助工具和资源可以帮助翻译者更好地理解和分析文本。在线词典、语料库和翻译记忆库等工具提供了丰富的词汇和用法信息，帮助翻译者准确把握词汇的含义和上下文关系。这些工具还提供了语境和实际用例的参考，有助于解决文本解读中的歧义和复杂性。同时，翻译记忆工具的使用可以提高翻译一致性和效率，使翻译者能够更好地分析和处理文本。

其次，与他人交流和讨论是提高文本解读和分析能力的有益途径。翻译社群、论坛和研讨会等平台为翻译者提供了与其他专业人士交流的机会。在这些交流中，翻译者可以分享经验、碰撞观点，共同讨论解读和分析策略和方法。与其他翻译者的交流不仅可以拓宽视野，获得不同的观点和见解，还能够互相学习和借鉴。此外，与专业人士的交流还可以获得反馈和指导，发现自身存在的问题并加以改进。通过交流和讨论，翻译者能够不断提升解读和分析的能力，从而应对挑战和困难。

最后，不断学习和提升自身的知识和技能对于解决挑战和困难至关重要。文本解读和分析能力需要建立在扎实的语言和文化知识基础上。翻译者应该持续学习源语言和目标语言的词汇、语法和语用知识，了解它们的特点和用法。通过广泛阅读各种文本，包括文学作品、新闻、专业文献等，翻译者能够增加词汇量、丰富表达方式，并培养敏锐的语感和理解能力。此外，参加相关的培训课程和学习计划也是提升翻译技能和专业知识的有效途径。通过持续学习和自我提升，翻译者能够不断提升文本解读和分析的能力，应对不同领域和文化背景下的挑战。

综上所述，解决文本解读和分析的挑战和困难需要翻译者采取积极的方法和策略。借助辅助工具和资源、与他人交流，以及持续提升自身的知识和技能，是提高文本解读和分析能力的关键。这些方法和策略可以帮助翻译者更好地理解和分析文本，提高翻译质量和准确性，从而应对翻译实践中的挑战和困难。作为翻译者，我们应该不断学习和成长，不断探索和应用新的方法和技巧，以提升自身的翻译能力，并为跨文化交际做出积极的贡献。文本解读与分析是翻译过程中至关重要的环节，它们直接影响翻译质量和准确性。在跨文化交际视野下的翻译实践中，翻译者需要面对多种文本复杂性和文化差异，这给文本解读和分析能力带来了挑战。只有具备良好的文本解读与分析能力，翻译者才能准确把握原文意思、正确转化为目标语言，并传达源语言文化背景中的细微差别和隐含意义。因此，提升文本解读与分析能力对于翻译从业者来说至关重要。

第三章　跨文化交际视野下的翻译人才培养

一、翻译人才的培养目标

在阐述人才培养目标之前，让我们先看一下有关课程教学目标的定义。《朗文语言教学及应用语言学辞典》将其分为两类：一类为总目标（general objectives），为教学的基本原因或目标（the underlying reasons for or purposes of acourse of instruction）；另一类为具体目标（specific objectives），指一门课要达到的目的，详细描述学生在教学最后一阶段必须要做的事。其实这也是教学目标在较宽泛与较窄两个层面的界定，较宽泛层面上指课程设计者预计学生能达到的一般性教学目标或目的；较窄层面上指学习者通过课程学习在知识、能力等方面所能达到的具体专门目标（所掌握的知识领域、在听说读写译等方面能获得的具体技能等）。笔者尝试借助这一定义的分类，提出翻译人才培养宏观的总目标（学士、硕士、博士学历学位教育目标）——阐明人才培养的基本原因或目的；并提出具体的阶段性培养目标（学年、学期及课程目标）——阐明学生通过阶段性学习所能达到的水平。其中阶段性培养目标涉及的课程教学目标又可以分为总目标和具体目标两类。

在解析我国翻译专业建设现状时，我们曾经指出翻译作为一门新兴学科，各院校相关人才培养目标不一致，有的强调复合型人才，有的强调翻译通才，有的强调译者教育，不一而足。限于篇幅，笔者不可能将各阶段、各课程目标逐一阐释，现仅在翻译人才分类的基础上，从宏观角度分析翻译专业本科和研究生教育中的人才培养总目标，并剖析两者之间的传承关系。

首先讨论翻译人才的分类问题。戴炜栋等学者指出高素质的外语人才可以粗略地分为学术研究型和应用职业型。这两种人才都具备专业及相邻专业知识.具有学习—实践—创新的能力以及高尚的人品、道德等，只不过在知识领域、能力侧重、创新研究能力强弱等方面存在一定差异。笔者认同这一观点，但认为翻译人才虽然可以分为学术研究型和应用职业型，但如果结合具体翻译教学实际，将之分为翻译通才和专门性人才，则更为妥帖和确切。这主要是由于该分类一方面体现了翻译的学科融合性（翻译为杂学、译者为杂家）；另一方面表现出翻译理论和实践的均衡发展。当然，通才、专门性人才、学术研究型和应用职业型人才之间有一定相关性。具体说来，翻译通才充分体现出学习者的学术研究能力和职业技能的平衡发展，该类人才既掌握一定的理论，又有较强的翻译实践能力；而如果学习者偏重于理论学术探索（如翻译理论家、翻译批评家），则更倾向于学术研究型人才；如果侧重于翻译实际操练（如口译译者、科技文献译者、文学作品译者等），则更倾向于应用职业型人才。无论是典型的学术研究型还是典型的应用职业型翻译人才，二者均属于专门性翻译人才。而且，无论是高层次翻译通才还是专门性人才，都具有扎实的语言基础（双语能力过硬）、翻译知识、语言运用技能和翻译技能以及相关学术道德、职业道德等，当然，知识的广博程度、能力的大小、技能的娴熟程度等方面存在一定差异。

以上对翻译人才进行了分类。那么，翻译人才的分类与翻译本科、研究生教育之间呈现什么关系呢？笔者认为，本科教育的目标在于培养一般性翻译通才，他们具备较宽泛的翻译知识和较强的口笔译能力，能胜任相应跨文化语言文字交流工作；而一般性翻译通才通过研究生教育成为高层次翻译通才、学术研究型人才和应用职业型人才。其中高层次翻译通才较之一般性翻译通才，在理论层次和实践技能等方面都更有所长。具体说来，研究生阶段一方面开拓学生的视野、强调翻译理论、翻译研究方法的掌握以及翻译科研能力的培养；另一方面加强实务训练，进一步培养翻译技能和翻译能力。当然，博与专、术与学之间的侧重因人而异。如果学习者毕业后直接参加工作，那么在工作过程中也可以通过自身的研究（翻译实践研究，翻译理论研究）成长为学术研究型人才，或者通过职业教育和培训（口译、笔译实务训练等）、工作实践成为应用职业型人才。

当然，我们要认识到翻译人才之间的个体差异，也就是说，培养人才并非如流水线上批量生产产品，追求在知识、能力、品德等方面完全一致，人才是既有共性又有个性的个体。同时，各人才类型之间没有固定的、不可打破的界限。也就是说，一般性翻译通才可以根据个人的特长、兴趣等，通过自身努力成为某种类型的翻译人才。一位翻译实战经验丰富的译者可以结合自身经验，进行相关理论探索，在学术研究方面取得一定成就，反之亦然。

笔者提出本科翻译专业主要培养一般性翻译通才（即通用翻译人才），这也符合大多数人的看法。在“2006暑期全国英汉口笔译翻译教学与实践高级研讨班”上，多数与会者认为，翻译本科还是以培养一般性复合型通用翻译人才为主，或者说以此为基础目标，专门方向的译者培养可以留到研究生阶段进行（穆雷、郑敏慧）。那么，究竟一般性翻译人才是如何界定呢？复旦大学“英汉双语翻译专业”的培养目标中谈到学生应具有较强的英汉双语技能、扎实的政治、经济、文化、科技、金融基础知识，能胜任外交、外贸、独资合资企业、中国驻外机构、新闻媒体等部门口笔译工作。笔者认为这一培养目标涉及知识面、双语技能、职业技能等方面，可以比较生动地体现通才教育的目的。将这一目标与翻译专业资格（水平）考试的等级划分相对比，笔者发现该目标超出了翻译专业资格（水平）考试中的初级（三级）要求，与中级（二级）要求相近。因为在翻译专业资格（水平）考试中，二级口笔译翻译应具有一定的科学文化知识和良好的双语互译能力，能胜任一定范围、一定难度的翻译工作；三级口笔译翻译应具有基本的科学文化知识和一般的双语互译能力，能完成一般的翻译工作。三级口笔译水平相当于外语专业优秀毕业生或外语专业翻译方向本科生的要求。从《翻译专业职务试行条例》中我们看到、通过三级口笔译考试者可以应聘助理翻译（能完成一般性口译或笔译工作。从事口译者应基本表达双方原意，语音、语调基本正确；从事笔译者应表达一般难度的原文内容，语法基本正确。文字比较通顺）。而通过二级口笔译考试者可以应聘翻译（独立承担本专业的口译或笔译工作，语言流畅、译文准确）。也就是说，本科翻译专业的培养目标在于能够获得翻译专业中级资格证书，独立承担口笔译工作的高层次人才。

结合相关论述，为适应培养高素质复合型创新翻译人才的需求，笔者尝试从知识、能力、品德、职业技能等方面来阐述本科翻译专业的培养目标，提出本科翻译专业旨在培养一般性应用复合型的翻译通才。他们具备比较扎实的语言、文化、政治、经济、金融、外贸、科技、艺术等基础知识，较强的外汉转换能力和语言学习应用能力，良好的思想道德素质、心理素质、适应能力、合作精神，且能够胜任外交外贸、涉外企业、文化艺术、科技翻译、新闻出版、教学研究等语言文字交流工作。之所以强调应用复合型，主要是因为翻译专业本科着重对应用能力的培养，且涉及的知识面比较广博、技能具有复合性；之所以强调通才，主要是因为翻译专业学生应该能够胜任一般性的语言文字翻译工作。一般说来，所培养人才能够通过国家人事部翻译专业中级资格（水平）考试。鉴于翻译为新兴专业，具体教学尚处于摸索阶段，不可能要求所有毕业生都通过中级（二级）口笔译考试，但至少应通过初级（三级）口笔译考试，胜任一般性口笔译任务；而优秀毕业生在实战训练的基础上，能通过中级（二级）口笔译考试，获得翻译专业中级资格证书，独立承担口笔译工作。当然，各学校、各地区存在一定差异，因此翻译本科专业培养目标不可能完全一致，可以结合实际情况，突出地方、学校优势或特点。

二、翻译人才的培养模式

在阐述人才培养模式之前，先探讨一下模式（Model）的定义。一部在线汉语字（词）典中的“模”指“法式、规范、标准”，《现代汉语词典》把“模式”定义为“某种事物的标准形式或使人可以照着做的标准样式”。

《柯林斯中阶英汉双解学习词典》中将“Model”界定为“a system that is being used and that people might want to copy in order to achieve similar results”。从两个定义可以看出，模式本身应该是系统的、可参照的、有目的的。目前，这一概念及相关研究方法已经被教育界广泛应用。

教育家们尝试在确定研究目的的基础上，对教育思想、教育现象的原型进行抽象化，进一步将之转化为认识论上的模式，以切实解决具体教育问题。譬如，研究翻译人才培养问题，就可以在确定人才培养目标的基础上，在一定教育教学理论指导下，对不同培养方式进行系统的概括归纳，形成一定模式，供翻译教育实践选择，同时丰富相关翻译专业建设理论。可以说，人才培养模式是理论与实践、普遍教育与个别教育实践之间的媒介，参照相关模式所培养出来的人才应该受到学校和社会等环境的检验，考核是否达到了一定的培养目标。笔者下面借鉴相关翻译专业建设经验，结合翻译人才培养目标，尝试从学制、培养机构、培养（模式）方式等宏观方面阐述翻译本科专业人才培养模式的问题。

目前，国外有的高校除设有翻译本科、研究生教育之外，还设有翻译专科，构成了从专科到博士阶段比较完整的教育体系。但笔者认为鉴于翻译过程以及翻译教育本身的广泛性和复杂性，两三年之内很难保证翻译人才培养的质量，实行四年本科教育能够较好地夯实人才的理论基础，使翻译理论与实践密切结合。因此，除非是出于地域性培训的特殊需求，笔者建议翻译人才培养还是应以本科为起点，逐步完善从本科到博士的系列教育，包括授予翻译专业硕士学位（据悉广东外语外贸大学已经尝试进行翻译专业硕士培养，以丰富翻译人才市场），开办同等学力翻译硕士班、翻译硕士研修班、翻译博士研修班等。当然，在翻译人才培养过程中，高校可以根据市场需求，适当改变招生方向和增减招生人数。

（一）培养机构

如前所述，我们的翻译人才培养任务多由各高等院校高级翻译学院或翻译系承担，为学院式人才培养。这主要是考虑到高校具有丰富的办学经验、高素质的师资和良好的办学环境。但鉴于翻译自身实践应用性较强，与市场结合比较密切，因此笔者认为可以借鉴理工科的办学经验，加强高校与翻译公司、出版业、外企外贸、外事、旅游等单位的合作，一方面吸纳一些资深译者翻译家、翻译评论家专业人士等兼职担当翻译教师，充实师资队伍；另一方面可以为学生提供实战场地，培养其翻译实践能力和知识应用能力，为其专业发展打下更加宽厚的基础；同时充分考虑到学生今后的就业、职业生涯取向，为他们提供更多的职业选择。

（二）培养方式

目前，虽然由教育部审批、通过高考招生的本科翻译专业只在不同类型、不同地区的三所高等院校（复旦大学、广东外语外贸大学、河北师范大学）中试点，但有的高校（如南京师范大学等）已尝试从在校大学生中选拔优秀学生进入翻译系，进行应用复合型人才培养。他们从大学本科二年级或三年级的学生里选拔双语（母语和外语）基础俱佳的学生，进行翻译教学和培训，使他们通过理论学习和翻译实践、逐步成为合格的译者。有的高校（如西北师范大学）尝试实验翻译方向本硕连读的人才培养模式，大一学业结束后从全校选拔学生，大二加强母语和外语两种语言文化的学习，大三以后进行翻译专业课程学习。

无论采用哪一种方式，其效果都需要社会与市场的验证。杨自俭[①]指出，翻译人才培养模式一定要开放型的。具体培养重点包括：第一，特

① 杨自俭：中国译协理事兼翻译理论与翻译教学委员会委员，中国英汉语经较研究会会长。

别重要的是要突出基础宽厚与知识面广（包括基础理论），因为翻译是杂家。第二，要突出的是语言实践能力，在听说读写都训练好的基础上，要突出训练说与写、特别是写的能力是口笔译都极其需要的，当然包括中外两种语文写作的训练。这方面过去我们存在轻视母语写作的问题，现在应正视这个问题。第三，要突出的就是翻译基本功的训练。这方面有三个问题应引起关注：一是要以“文贵得体”为训练翻译能力的指导思想与追求目标；二是要严格按不同文体的要求进行不同的训练；三是口笔译都要进行全译、摘译、编译等各种变体形态的翻译训练。笔者认为，一方面要强调在本科阶段进行复合型翻译通才教育，借助通识教育、专才教育等人才培养理念，培养完整人（Whole-person），即学有专长、术有专攻，在知识（语言、翻译等知识）、能力（翻译能力、创新能力、适应能力）、品格、素质（伦理道德价值观、职业道德、学术品德）等各方面协调全面发展的人才。这里的“通”，有融会贯通之意，也就是说所培养的人才能够将不同学科的知识相互融合，在交流合作中进行跨文化沟通。另一方面应该注意人才培养的阶段性，在本科四年中，一、二年级为基础阶段，三、四年级为高级阶段（提高和分流阶段）。可以在基础阶段通过开设相关课程夯实学生的语言（双语）、文化（母语与目的语文化）及翻译基本功，培养其基本的双语翻译能力；在高年级阶段根据其学习旨趣，在自愿报名和选拔的基础上适当进行方向性分流（外贸、经济、政治、语言、文学、教育、新闻、科技等），通过增设选修课、增加实习锻炼机会等手段激发学生的兴趣，增强他们所学知识的实用性，提高其反思能力。当然，各课程的设置比例、理论学习与实践的匹配、语言能力与翻译能力培养的侧重都会因院校、专业特色、个体差异等有所不同。同时，笔者认为，随着翻译专业建设的发展，也可以适当借鉴目前复合型人才的培养经验，考虑翻译与其他专业的复合，譬如采用“翻译+文学”“翻译+经贸”“翻译+企管”“翻译+语言”“翻译+法律”等模式培养翻译人才。具体说来，可以在基础阶段就让学生根据自身学习兴趣跨系选修某专业的主干课程，夯实具体专业及语言基础，然后在高级阶段适当增加职业培训课的比重，供学生选修，以适应社会需求。当然，大学本科教育毕竟不是职业培训，翻译专业所培养的也不仅是译者，他们当中有一部分人还将成为从事翻译理论、翻译教学或其他涉外研究的后备军，所以突出通识教育，将人文社会科学、自然科学技术等融会贯通，培养学生的学习能力、合作能力、探究精神、创新精神等是至关重要的。毕竟他们将根据发展和需要，随时准备担负未来翻译研究、翻译教学、翻译专业建设的主要工作，推进我国翻译事业的发展。

（三）培养途径

查有梁[①]曾经提出知识与能力之间的转化机制是“教学做合一”，即手脑并用、个性发展、知行统一。知识与人格之间的转化机制是“真善美统一”，即观点正确、方法科学、情操高尚。能力与人格之间的转化机制是“德才识统一”，即接触社会、研究问题、探索创新。笔者认为在翻译人才培养中切实贯彻这些原则，有助于翻译通才（兼备语言翻译知识、语言翻译能力、高尚品德的人才）的培养。总体来说，培养形式可实行以下

① 查有梁：全国教育科学规划领导小组教育理论组成员，中国教育学会教育学分会学术顾问。

几个结合：一是国内外结合，四年本科最好有半年或一年到所学语言国家学习专业；二是课内外、校内外结合，应该坚持课堂授课与课外实践相结合，四年内应有适当时间的笔译和口译的实习；三是导师负责与小组合作相结合；四是专题讲座与任务探究相结合；五是口试笔试与论文撰写、平时作业相结合，使学生确实做到know-what（知道是什么），know-who（知道是谁），know-why（知道为什么），know-how（知道为什么），既增长知识，又提升能力。当然，这就涉及具体的课程安排、教育理念、教学管理、学业评估等问题，需要援引相关理论为依据，并在具体教育教学实践中得以检验。这些，笔者将在以下各章节进行阐释。

第四章 跨文化交际视野下的翻译教学模式

一、词汇翻译教学

各民族都是通过词汇把自己心目的世界分解成无数概念，词汇越丰富，对世界的认识也就越精细。汉语和英语虽属不同语系，特点迥异，但都有丰富的词汇量。在汉英语言对比研究中，人们发现了大量的对应词语，这是汉英翻译的语言基础。但是，由于自然环境、思维方式、社会历史、文化传统的不同，两种语言中存在许多不相对应的词语，主要表现为词语的空缺（无对应）和词义的差别（部分对应）。例如：

第一组：

山　hill（小山；丘陵），mountain（高山；山岳；山脉）

鸡　hen（母鸡），chick（小鸡），cock（公鸡），roster（雄禽；公鸡）

青　green，blue

借　lend（借给），borrow（借入）

兔　hare（野兔），rabbit（家兔）

鼠　mouse（耗子），rat（老鼠）

乌鸦　raven（渡鸦），crow（乌鸦）

第一组：

你、您	you	江、河	river	父、母	parent
兄、弟	brother	枪、炮	gun	嫁、娶	marry
叔、伯	uncle				

上列词语左右两端都不完全对应。从汉英翻译的角度讲，第一组右端的单个英文词无法传达出汉语的概括意义；第二组右边的英文词又无法精确地限定左边词语所表达的具体含义。

这些不对应现象给汉英造成一定的可译度障碍，需要通过适当的技巧加以克服。如:

舅舅从桌上把花瓶拿去了。

Mother's brother has taken the vase away from the table.

我属蛇。

I was born in the Chinese lunar year of the snake.

在翻译教学中，我们首先要重视对词语内在含义的理解与处理，其次是在两种语言对比过程中对具体词语的形态进行转换。

（一）词语的正确理解

1. 词语的正确搭配及意义

一个词，在词典中尽管有许多意思，但是用在某个特定的句子中，和不同的词语进行搭配时，以及在不同的语法结构中，只有一个确定的意思。因此，在翻译时要善于抓住词语的搭配和语法结构，确定词义。以下举例说明:

I can think of a good few medical students who would willingly work their way through colleges by filling in as nurses a tour under staffed hospitals.

误译：我可以想象不少读医的学生是愿意来我们人手不足的医院当护士帮助病人填写病历，以此来挣钱读完大学的。

正译：我可以想象不少读医的学生是愿意来我们人手不足的医院临时充当护士，以此来挣钱读完大学的。

分析：fill in用作及物动词词组，和a blank/a check/a form等搭配时，是“填写”“填入”的意思；但是如果用作不及物动词词组时，和for sb./as sb.搭配，就是“暂时代替”的意思。

An intelligence test does not measure character, social adjustment, physical endurance, manual skills, or artistic abilities. To criticize it for such failure is roughly comparable to criticizing meter for not measuring wind velocity.

误译：批评这样的失败就好比批评温度计不能测出风速一样。

正译：批评智力的测试不反映上述情况，就好比批评温度计不能测出风速一样。

分析：很多情况下，failure这个词是作“失败”解释的，但是，当failure后面接动词不定式，形成failure to do sth.的结构的时候，这个failure就应当解释为“未能”“没有”。

2. 词语的上下文意义

一个人认识词汇的能力总是有限的，翻译时碰到不认识的词的可能性很大。在翻译过程中，常遇到多义词，这时我们千万不能想当然，受思维定式的影响，按照自己印象最深或最熟悉的词义去理解，而是应当充分利用上下文来分析和确定词义。

3. 词语的形式对词义的影响

名词是很活跃的一类词语，一个名词用作单数或复数、用作可数或不可数、前面有没有定冠词，它的意义都是大不相同的，因此，在有名词出现的翻译中要格外注意名词的形式。下面举例说明：

（There is a definite link between smoking and heart disease and lungcancer.）But this doesn' t make you too uncomfortable because you are in good company.

误译：但这并不能使人们感到太多不舒服，因为你是在一个好的公司里。

正译：但这并不能使人们感到太多不舒服，因为和你一样抽烟的人很多。

分析：company做可数名词和不可数名词时意义是不同的。做可数名词时是“公司”，而做不可数名词时是“伙伴”“伴侣”的意思，要格外小心。

The question became one of whether man could control the disease he had invented.

误译：因此，问题就成了人们能否控制住他们自己创造出来的这种疾病。

正译：因此，问题就成了人类能否控制住他们自己创造出来的这种疾病。

分析：man用作单数，且前面又没有冠词修饰时，作mankind（人类）解释。

4. 词语的内涵与引申意义

很多词在具体的翻译中是不能简单套用词典中现成的解释的。这就要求我们根据词语的内涵和引申的意义准确把握词义。

（二）英汉翻译教学中英、汉词语具体形态的对比翻译

1. 两种语言在词类具体形态划分的异同显而易见

（1）英语的冠词和汉语的量词分别为各自所独有，没有直接对应；

（2）汉英中名词、动词、形容词三大实词类基本对应，虚词中的介词、连词也基本对应；

（3）汉语的助词是个特殊的词类，它包括结构助词、时态助词、语气助词等，英语虽无此类助词，但其动词的时态与体式，句式的陈述与疑问，词语之间的修饰关系都分别与汉语的助词的功能相对应；

（4）英语的副词较复杂，只有一小部分能与汉语的副词相对应（程度、疑问、时间、范围、连接副词等）。汉语中也没有英语的关系（代、副）词，但关系词在词义上相当于名词，所以汉语的名词、代词有时译成英语的关系词；

（5）汉语名词中的方位名词在语义上与英语的介词有共通之处。

2. 从数量上比较，也可发现汉英词类的不同特点

（1）汉英语言中的名词、动词和形容词作为开放性词类在词汇中各占较大比重，彼此相当；

（2）副词在汉语中数量相对较少，有的划为虚词类，而在英语中副词为实义词，大概因为英语中很大一部分副词由形容词派生而来，而且数量众多；

（3）介词与连词都是英语多汉语少。拿介词来说，汉语中的介词总共不过30个左右，英语中仅简单介词就有40个左右，若加上复合介词（如into、outside）、短语介词（如in front of），则数不胜数。就连词而言，汉英也有类似不同。

（三）英汉翻译教学中动词对比分析

由于英语具有强大的派生构词法，英语的动词大多都有其相应的名词形式，英语的形容词也有名词形式。而汉语的动词和形容词却没有语法上的名词形式。

汉语的动词在使用频率上远远高于英语，因为英语动词的使用要受限制，一句话只要一个谓语动词，而汉语的动词却无此限制。英语中代词、介词、连词的使用频率也比汉语高。英语中数词的使用不如汉语多，因为汉语的许多成语及缩略语依靠数词（词素）构成。汉语的量词同英语的冠词一样，附属于各自的名词，使用频率也同名词。

1. 英语动词的分类

英语动词按其在句中所起的作用可分为两大类。

一是主动词，又被称为“实义动词”，在句中表示谓语动词的基本意义，是动词词组的语义核心；

二是助动词，起协助主动词完成表示不同语法意义或情态意义的作用。

例如：

I don’t know English.我不懂英语。

I have been teaching English in this college for ten years.我在这所学校教

英语已经十年了。

（1）英语主动词

就英语主动词而言，按其是否必须跟有补足成分以及必须跟有什么样的补足成分又可分为：及物动词、不及物动词和连系动词。

①英语及物动词

及物动词是后面必须带宾语才能构成完整意义的动词。

例如：

We **study** *English*. 我们学习英语。

I **read** *books*. 我读书。

He **teaches** *Chinese*. 他教汉语。

注：以上三例中的黑体词是及物动词，斜体词是动词宾语。

有些及物动词，如give、show、pass、send、bring等需要带两个宾语，这种动词所要求的两个宾语，即直接宾语（Direct Object）和间接宾语（Indirect Object），往往一个指人，另一个指物。例如：

The new teacher gave **us** *more homework*.这位新老师给了我们更多的家庭作业。

Tom paid **me** *the rent*. 汤姆给我付房费。

Show **me** *the way*. 给我指路。

以上例句中黑体词是间接宾语，指人；斜体词是直接宾语，指物。一般情况下间接宾语放在直接宾语之前。如果要把直接宾语放在间接宾语之前就需要加介词to，构成介词短语，并把该短语放在直接宾语之后。如：

Please give the three tickets **to Miss Li**.

请把这三张票给李小姐。

Do you have any dictionary?Please pass it **to me**.

你有字典吗？请把它递给我。

以上两句中黑体部分是由“to”构成的介词短语做间接宾语，放在直接宾语的后面。

复合宾语——在复合宾语中宾语和它的宾语补语之间在逻辑上有主语和谓语的关系。例如：

We found *her working* **at the lathe**.

我们发现她在开车床。

He proved *himself worthy of* **confidence**.

他证明自己是值得信赖的。

Did you see *him* **enter the room**?

你看见他走进房间了吗？

以上例句中的斜体词为宾语，黑体部分是它们的宾语补语，宾语和它们的宾语补语之间有逻辑主语和谓语的关系。

②英语不及物动词

不及物动词自身就有完整的意义，也就是说这类动词不需要带宾语就可以使句子完整。例如：

The president **is speaking**. 总统正在讲话。

He **went** home till midnight. 他到半夜才回家。

She **was coming** smily and happily. 她正笑着高兴地走过来。

以上三个例句中的黑体部分都是不及物动词，它们都不需要宾语。有些不及物动词在一定的上下文中还需要带状语，意义才能完整，例如后两例。

③英语连系动词

有些动词，如be、become、appear、look、seem等，其后须带主语补语句子才能完整，我们把这类动词叫作连系动词。连系动词也是主动词的一种，它和它后面的主语补语一起补充说明主语的身份、特征和状态。

（2）英语助动词

助动词的语法功能是协助主动词表示不同的语法意义或情态意义，比如表示某一动作正在进行或已经完成，“应该”做某事或“不应该”做某事等。例如：

You **should** have finished your homework.你现在应该完成你的作业了。

I **have** seen the film before. 我以前看过这电影。

以上例句中的黑体部分虽然没有实际意义，但是它们分别表示“应该”“已经（完成）”等的含义，同样是非常重要的。

英语的助动词可分为三类：基本助动词（Primary Auxiliary）、情态助动词（Modal Auxiliary）和半助动词（Semi-auxiliary）。

①基本助动词

基本助动词只有3个：be、do和have。作为助动词，be、do和have本身没有词汇意义，只在动词词组中起语法作用或者说只表示语法意义。比如助动词be通常用来协助主动词构成进行体或被动态：

We are listening to the music.

The students were praised by their teacher for good marks of the test.

助动词do通常用来协助主动词表示否定意义或构成疑问句。

例如：

My husband doesn’t know Russian.

What did you give to my mother for her birthday?

助动词do还可用来加重语气：

We do think you can do this job well. 我们确实认为你能把这项工作做好。

They do look very beautiful.她们看起来的确很漂亮。

助动词have通常用来协助主动词构成完成体或完成进行体，如：

Thank you，I have had my supper. 谢谢，我已经吃过晚饭了。

How long has it been raining？雨下多久了？

②情态助动词

情态助动词包括：can/could、may/might、will/would、shall/should、must、ought to、dare、need、used to、had better。情态助动词表示情态意义，它本身有词义，但词义不完全，因此不能单独作谓语。其过去时形式并不一定就表示过去时间。情态助动词不能重叠使用，其后的主动词用动词原形。

例如：

Can you ride this bike?

It may snow this evening.

She must know the true story.

When I was in Beijing, I used to take a walk along the footpath under the pine trees.

If she became a movie star，she could afford a new home.

Would you let me use your bike a moment?

③半助动词

还有一些半助动词，指某些兼有主动词和助动词特征的语法结构，比如have to、seem to之类的结构，既可与主动词搭配构成复杂动词词组表示情态意义，又能与其他助动词搭配，像是主动词而不像情态助动词。因此我们说，半助动词兼有助动词和主动词的双重特征。例如：

I have to buy a new pen.

He seems to be disappointed.

I don’t have to buy a new pen.

She doesn’t seem to be disappointed.

2. 英语动词与汉语动词的形态变化比较

英、汉动词形态变化的最大区别就是：英语动词有形态变化而汉语动词没有形态变化。

英语动词有形态变化，主要体现在数（number）、时（tense）、体（aspect）、语态（voice）等几个语法方面。

（1）英语动词的数（number）

I study. 我学习。

You study. 你（你们）学习。

He studies. 他学习。

She studies. 她学习。

It eats.它吃。

We study. 我们学习。

They study. 他们学习。

（2）英、汉语动词的时（tense）和体（aspect）

英、汉语都有时态，即“时”（tense）和“体”（aspect）的概念，但是表示的方法各不相同。英语“时”和“体”的语法形式由谓语动词的特定形式来体现，即由to be、to have、to do、will等助动词的变化形式所构成。汉语动词没有“时”和“体”融合而成的语法形式，它是由一些时态助词或副词来表示时态状况的，例如：

He studies English（everyday）. 他（每天）学习英语。

I am studying English（now）. 我（现在）正在学习英语。

I was watching TV（last night at nine）.（昨天晚上九点）我正在看电视。

I did my homework（yesterday）. 我（昨天）做的作业。

I have finished my dinner. 我已经吃过饭了。

We will go to school next year. 我们明年上学。

（3）英、汉动词语态（voice）的对比

和时态一样，英、汉语都有主动语态和被动语态之分，表现形式都体现在它们的谓语动词上。英语的构成是由助动词to be加上动词的过去分词构成的，时态则通过to be的变化形式来体现。而动作的执行者（或发出者）常省略，也可以由介词by引起的短语来表示。汉语被动句的构成主要是由“被”“让”“叫”“遭”“受”等虚词加谓语动词构成。“被”在该句型中是助词，在书面语中还有“被……所”“如……所”的句型格式，例如：

History is made by the people.

历史是人民创造的。（一般现在时）

These computers were made in Beijing.

这些计算机是北京制造的。（一般现在时）

What tools will be needed in the work?

工作中将需要什么工具？（一般现在时）

A new building is being built. 一座大楼正在修建。（现在进行时）

The case was being investigated. 这案件那时正在调查。（过去进行时）

The book has been translated into scores of languages.这本书已译成几十种语言。（现在完成时）

以上英语例句均可由“被”字句改译为：

现在时：历史是被人民所创造的。

过去时：这些电脑是在北京被制造出来的。（不常用）

将来时：工作中什么工具将被需要？（不常用）

现在进行时：一座大楼正在被修建。（不常用）

过去进行时：这个案子那时正在被调查。（不常用）

完成时：这本书已被译成几十种语言。

当然其中四句在正常交流中是不用的，属汉语非正常句，翻译为主动句更自然些。

3. 汉语动词的“重叠”和加“趋向动词”的特点

除以上英、汉动词的区别以外，汉语动词还有“重叠”和加“趋向动词”的特点，这是英语所没有的。

（1）汉语动词的重叠汉语的有些动词可以用重叠的方式表示“动作时间短暂”或“尝试”的意思，是动态的一种表示法。这种重叠形式有以下几种：

①单音节动词重叠形式是“AA”（后面的音节读轻声），例如：看——看看、听——听听、试——试试、想——想想、说——说说。

②这种结构还可在重叠的两字中间加个“一”字，意思不变，例如：看一看、听一听、试一试等，这种结构有点像英语的“have a +动词”的

结构。

如：have a look看一看，have a rest，have a break（休息一会儿），have a try（试一试），have a visit（访问一下）等。

③加个“了”字表示短暂动作的结束：看了看、听了听、试了试、想了想、说了说、讲了讲。

④加个“了又”表示反复强调（有不放心色彩），例如：看了又看、试了又试、听了又听、想了又想、说了又说、讲了又讲。

⑤加个“啊”字，表示强调（有感到麻烦的色彩），如看啊看、听啊听、试啊试、想啊想、说啊说、讲啊讲等。

⑥用“来去”的形式表示反复，如看来看去、听来听去、试来试去、想来想去、说来说去、讲来讲去等。

这几种组合结构还可以重复或混合使用，使文字丰富多彩、形象生动。

⑦双音节动词的组成结构是“ABAB”（后面两个音节读轻声），例如：学习学习、休息休息、锻炼锻炼、讨论讨论、研究研究、轻松轻松。

前六种组合形式有的也可以用于双音节动词的重叠形式中，例如：学习了又学习、锻炼啊锻炼、讨论了讨论、研究来研究去。

（2）汉语动词的趋向性

汉语动词可以加趋向动词“起来”“下去”等，表示“开始”“继续”等意义，如：学起来、读下去、唱起来、干下去。

借加助词和副词的方法来表达英语动词所表示的时态、语态、语气等概念是汉语的语言特点。

英、汉语的动词都可在句子中作谓语或谓语中心。汉语的动词除了在句子中作主谓语以外，还可作连动谓语，其特点是前后动词之间不存在主谓、动宾、动补、偏正和并列等语法关系，不出现关联词语或语音停顿，只有逻辑意义上的顺序排列，即前后动作依次连续发生。英语的动词不可做连动谓语或没有连动谓语，它只能用并列谓语，或限定动词+非限定动词（一般用不定式、分词）等结构形式表达，也可根据情况特殊处理。试比较：

A.Tom opened the door and went out.

汤姆打开门走了出去。

B.Let’s have our lessons after the meal.

我们吃了饭上课吧。

C.She had to go to her parent’s family to get some money so that she can buy some milk to feed the baby.

她必须到父母家拿点钱买牛奶喂孩子。

D.Following teacher Zhou, they started to climb.

他们跟在周老师后面开始往上爬。

E.Traveling by train, we visited a number of cities.

我们坐火车参观了好些城市。

从以上的例句中我们不难看出汉语的连动式在英语中可被处理成并列句（例A）、介词短语（例B）、不定式及分句主谓语（例C）以及现在分词短语和主谓语及动词不定式（例D、E）。

总结：以上是对英、汉语两种语言动词的简单对比分析，目的在于通过分析对比，启发学生利用自己母语知识的有利因素，克服英语学习中来自汉语的干扰和影响，提高英语学习的翻译能力，达到学好语言、掌握语言的目的。

（四）英汉翻译教学中名词对比分析

1. 英、汉语名词的数

（1）英语名词的“数”

①一般情况加“-s”如：

a book—two books

②以s、x、ch结尾的词加“-es”，如：

a class—three classes; a box—two boxes; a watch-five watches; a brush—four brushes等。

③以辅音字母+y结尾的词变“y”为“i”再加“-es”，如：

city—cities; country—countries

④以“o”结尾的词多数加“-es”，如：

hero-heroes; potato—potatoes

⑤以“f”或“fe”结尾的词多数变“f”或“fe”为“v”再加“-es”，如：

wife—wives; knife—knives

（2）汉语名词的“数”

“数”指名词的单数和复数。汉语普通话用“们”来表示人的复数名词，如：同学们、老师们、同志们等，名词加“们”以后，一般不能再受确定数目的数量词的修饰。如不说“这两位老师们”等。其他名词常用指示代词来区分单复数，如：这张桌子（单数）、这些桌子（复数）、那些凳子（复数）、那本书（单数）等。

2. 英、汉语名词的格

格（case）表示名词与其他词在句子中的关系，包括主格、宾格和所有格。

（1）汉语和英语名词的主格

如：牛吃草（牛为主格），小孩放牛（牛为宾格），草铺地（草为主格），别踩草（草为宾格）。其中，“牛”和“草”无论是作主语还是作宾语，它们的形式都是一样的，没有任何变化，在这一点上英语和汉语是一致的，它的主格和宾格形式一样没有变化。

例如：The cow eats grasses.

A child is herding his cows.

（2）汉语和英语名词的所属格

①汉语：名词后加助词“的”来表示其所属关系。

②英语：’s属格；of 属格。

如：汤姆的朋友Tom’s friend、鲁迅的著作Lu Xun’s works、电影的名字the name of the film、三班的老师class three’s teacher、这桌子的腿legs of the desk等。汉语表示所有格的助词“的”，有时还可以省略，尤其在口语中常被省略。例如：鲁迅著作、电影名字、三班老师、桌子腿等。

3. 英、汉语名词性（gender）的特征分析

英、汉语名词虽都有性的表示，但它们在语法上都没有严格的阴阳之分，在英语中尚有表示阴性含义的词尾-ess，或表示阴阳区分的单词遗留下来。

例如：goddess女神、empress女皇或皇后、princess公主、actress女演

员、queen女王或王后、widow寡妇、lass少女、cow母牛、mare母马、hen母鸡等。

4. 英、汉语名词语法功能的对比分析

（1）英、汉语名词作主语、宾语和表语的比较

①英、汉语名词在句中都可以作主语、宾语并且用法基本相同。

②英语的表语部分和汉语的判断句后一部分的用法相似，但叫法不一样，英语称其为表语，汉语称其为“宾语”。

例如：We are students.我们是学生。“students”是宾语。

（2）英、汉语名词作状语的对比

和汉语一样，英语名词一般单独不作状语，但它和其他的修饰语一起可在句中作状语成分。最常用的是和数词、形容词、介词短语或其他非谓语形式连用。翻译成汉语时英语的状语有时在汉语句子中作状语，有时作补语。如：

Wait a moment.（“a moment”为状语）等一会儿。（“一会儿”为补语）

He entered the room, his nose red with cold.（“his nose red with cold”为状语）他鼻子冻得通红地走进房间。（“鼻子冻得通红地”为状语）

但是，汉语中表示时间、处所的名词可作状语，一般的名词不作状语，翻译成英语时需用介词短语或副词词组来表示。如：

We’ll meet in London then.（“in London”介词短语作状语）那么我们伦敦见。（“伦敦”表地点的名词作状语）

He left yesterday.（“yesterday”表时间的副词作状语）他昨天走了。（“昨天”表示时间的名词做状语）

联系汉语中的“单纯方位词”和“合成方位词”。

例如：

六点以后学校放学。（时间状语）School finishes after six.（时间状语）

我哥哥坐在屋里。（补语）My brother sat in the room.（地点状语）

墙上有幅地图。（地点状语）There is a map on the wall.（地点状语）

从以上例句可看出，汉语的方位名词在英语中可用介词短语表示，在句中一般作状语。

（3）英、汉语名词作定语的对比

英、汉语的名词都可以放在名词中心词的前面，直接对它进行修饰和限定，即作名词中心词的定语；所有格作定语也基本相同。

（4）英语的系表结构与汉语的名词作谓语的对比

英语名词一般不作谓语，但在汉语中有些名词可以作谓语，这种谓语一般可加“是”，很像英语的系表结构。

例如：

①今天星期三。Today is Wednesday.

“星期三”为谓语，“Wednesday”是表语。

②他是傻瓜。He is a fool.

“傻瓜”为谓语，“fool”是表语。

二、段落翻译教学

段落由各种句子构成，而句子是由单词、短语、从句组成的。在翻译时，我们有时需要对其中的某个短语、分句或是从句进行语法分析，以确定它在句子中所起的作用，例如作定语、状语还是补语等，以便确定它和句子当中的哪一个结构或成分发生直接的联系。如果分析不恰当，就很容易使译文中的语义发生变化，产生误译。以下我们将具体说明。

（一）介词短语

介词短语是英语中相当活跃的元素，几乎出现在绝大多数的句子中。在不同的上下文中，它可以作不同的语法成分，如状语、定语、补语等。但是，它在特定的上下文中只能作一种成分，这主要视上下文以及句子结构而定。

（二）名词短语

名词短语在句子中可以充当主语、宾语、表语、同位语等，若分析不当也有可能把它们搞错，所以同样需要根据上下文来具体分析。

（三）非谓语动词短语

非谓语动词短语主要指现在分词短语和不定式短语。因为这两种非谓语动词短语在不同的上下文中可以充当不同的语法成分。对于非谓语动词短语也需要细心分析上下文，避免出错。

（四）从句

名词性从句在一个句子中也可作不同的语法成分，因此也出现因分析不当而误译的问题。有时从修饰的角度出发，为了避免头重脚轻，保持句子的平衡，或是为了强调句子的某一成分，或是考虑句子与句子之间的衔接，或是为了使文章简练，都会把一些句子成分的位置前后移动，甚至省略，造成正常的句子变得“不正常”，正是这种特殊的结构给我们的翻译带来了很大的困难，稍不细心就会误译，处理的方法是抓住句子的关键，理清结构，这样才能做到正确翻译。下面分三个方面来具体讲解。

1. 分割结构

英语中的分割结构大体来说可以分为三类，一是主语和谓语被主语的一个定语分割，或是谓语和宾语被谓语后面的状语分割，再就是宾语和状语被宾语的定语分割；二是为了保持句子的平衡，把定语或同位语前置或后移；三就是插入语也起分割作用。

2. 倒装结构

英语中有两种倒装，一是全部倒装，二是部分倒装，理解倒装句的关键就是找出句中的主语和谓语。

3. 省略结构

省略句中出现的误译也比较多，究其原因，主要是分不清哪些是省略掉的。一般说来，当前后有几个句子的谓语是一样的时候，除了第一个不能省略之外，后面几个为了避免重复，往往都会省略掉。尤其是be形式，同样，当前后几个句子或分句的结构平行的时候，那么后面几个句子或分句中的主语或是宾语、定语、状语往往都会省略掉，甚至整个主谓结构或动宾结构都被省略掉，只剩下一个副词标志来表明省略结构，因此要善于抓住这些标志。

（五）语义型句子和语法型句子

汉语句子为语义型或意合型，英语句子为语法型或形合型。换言之，汉语句子的根据在语义，英语句子的根据在语法。在汉语中，衡量一串词语是否成立为句子，要看这串词语能否表达出相对完整的意思。相比而言，汉语句子标准较宽松，句号的位置也有弹性。

（六）“话题—说明”结构与“主语—谓语”结构

赵元任在《汉语口语语法》一书中指出：“在汉语里把主语、谓语当作话题和说明来看待，比较合适。”的确，我们用“话题—说明”的观点看待分析汉语句子，比用传统的“主语—谓语”名称，能更客观地反映汉语句子的实际，更清楚地显示汉英句式结构上的异同，从而避免语法概念的混淆。

汉语句子的“话题”与“说明”是从句子顺序上说的。“话题”是说话人想要说明的对象，总是放在句子开头处。如果语言环境或上下文能暗示话题，也可能省略不提。“说明”部分位于话题之后，对话题进行说明、解释或质疑。“说明”部分与“话题”部分不存在一致关系。

“说明”可以是一个名词或动词，也可以是一连串的名词短语或连动结构，还可以由形容词及各种词组充当，对结尾没有限制，可长可短，视语义而定。

汉语的连动句典型地反映出话题的后面一长串说明的特点（因为凡与话题有关的内容都可放在后面对其进行说明），这与英语句子一个主语和一个谓语相一致的结构大不相同。

（七）“板块”式结构与“多枝共干”结构

由于汉语的“意合”特点，有些汉语句子的内部成分常常一一罗列，呈现并排式结构，外形上没有主从之分，层面之间没有明显的逻辑标记。有人形象地把这种句子称为“板块”式结构，也有人称其为“竹节”式结构。

这与上下文讨论过的“话题—说明”结构和“主语—谓语”结构不无关系。与汉语相比，英语句子的“主谓结构”为句子主干，其他成分则通过各种连带附加关系附着在这条主干上，犹如树枝与树干的关系。人们把英语句子的这种结构称作“多枝共干”型。

从下面的译例中可以发现，原文用逗号分隔的小句表面上呈并列关系，到了英文里都变成了主从关系或偏正关系：

1.话说天下大势，分久必合，合久必分。

They say the momentum of history was ever thus: the empire, long divided, must unite; long united, must divide.

2.他们进行挑衅活动，制造紧张局势，必须马上停止。

They must stop all their provocations at once, which create tensions.

（八）“左分支”结构与“右分支”结构

句子的语序一般以思维的顺序自然展开，而中国人的思维模式基本上是首先考虑事物的环境和外围因素，然后考虑具体事物或中心事件。西方人的思维模式正相反，首先考虑中心事物，然后才加上外围因素。这种中西思维方式的差异，表现在句子结构上，就是汉语中的状语总放在谓语或句子主体前边，定语无论长短，都置于中心词之前，形成“左分支”结构。这种结构特点往往使得汉语的状语部分长，主谓部分短；主语部分长，谓语部分短；修饰成分长，中心成分短。整体上显得头大尾小，有人将其比作“狮子头”形状。例如：

村东头的王大妈来了，受欺骗的村民们也来了。

There came Aunt Wang who dwelt at the eastern end of the village, and also came the villagers who had been deceived.

英语的定语成分除单词外，多数都置于中心词之后。多数英语状语的正常位置也是置于主干成分之后，由此形成了英语的右分支结构。另外，英语重视末端重量，凡较长的词语或累赘的成分均需后移，有时甚至需使用假主语来避免句子头重脚轻。因此，英文句子多为前短后长，有人将其形容为“开屏的孔雀”，头小尾大。例如：

去年他为了完成一个项目在实验室用计算机努力地干了十个月。

He worked hard with a computer in the lab for ten months in order to complete a project last year.

正是由于英汉语言分属不同的语系，各自有着不同的语言类型、文字系统、语音系统以及词法上的差异，因此英汉语言在句法上也存在很大的差异。英译汉时必须使用汉语的句法来表达英语的意思。如果按照英语句法直译，译文将受到英语表达方式的影响和束缚，违反汉语表达习惯。反之，汉译英时也必须采用英语的句法来表达汉语的意思，尽可能适应英语的表达方式和习惯。因此，熟悉英汉语言句法上的差异对正确地进行英汉互译十分重要。

（九）英语重形合，汉语重意合

“英语重形合，汉语重意合”是英汉两种语言在句法特征上最主要的区别之一。所谓形合是指主要靠语言本身语法手段，所谓意合是指主要靠句子内部逻辑联系。英语句法特征是“形合”，注重语法形式和功能。句子要按照语法规则来组织，其主语和谓语要求在人称、数、时态、语态上保持一致，主句和从句之间要用关联词衔接起来。因而英语结构紧凑严密，其句义的明确，主要是靠严谨的句子结构，分明的逻辑关系，注重语篇中句子之间的排列、衔接、连贯等。

（十）英语句子重心在前，汉语句子重心在后

在复合句中，英汉句子重心差异很大。英语句子重心一般在前，句子的主要部分主句一般放在句首，即重心在前；汉语句子一般按照逻辑和时间顺序，将主要部分放在句尾，形成后重心。例如：

His chief contribution was making me realize how much more than knowledge I had been getting from him.

他使我认识到，我从他那里学到的，远远不只是知识，这是他最大的贡献。

The contract is made by and between the buyer and the seller, where by the buyer agrees to buy and the seller agrees to sell the under-mentioned commodity according to the terms and conditions stipulated below.

买卖双方同意按下列条款购买、出售下述商品，并签订本合同。

（十一）英语多用被动语态，汉语多用主动句

语态分为主动语态和被动语态，它们在英汉语言中的使用情况很不相同。一般来说，英语多用被动语态，汉语则较少使用，即使使用，也不像英语那样有固定或比较统一的构成形式。汉语的被动主要用“被”字句表示，常常借用汉语词语“被”“叫”“给”“让”“由”“遭”“受”“得”“为……所”“是……的”“可以由”“加以”等表达被动含义。所以英译汉时应将英语的被动句转换为汉语的主动句。

三、语法翻译教学

对于一种语言的学习，想快速地从整体上把握它的规律，往往要先从

它的语法开始。这是因为语法是从众多的语句单位里抽象出来的其共同的组合方式或类型及如何表达语义的规则，它是从词和句的个别和具体的东西中抽象出来，研究词的变化和句中词的组合的基础的、一般的东西，并且以此构成的语法规则、语法规律。既然语法是对语言普遍规律的总结，那么不同的语法之间是否也存在着相同点呢？答案是肯定的。

当今世界使用最广的英语与汉语，在某些方面是有一定相似性的，在学习的过程中，二者可以成为帮助掌握对方语言的一种工具，但对于其中一种语言的学习与研究不可完全套用另一种的语言的语法，这是因为在一定程度上二者是不同的。下面我将对此进行详细论述。

首先来看汉语语法与英语语法的一致性。汉语里有主谓宾、动词、名词、形容词，英语也有。比如，“孩子们喜欢漂亮的花朵”译成英文则是“Children like beautiful flowers”。在这句话当中，汉语与英语的主语分别是“孩子们”和“Children”，谓语是“喜欢”和“like”，宾语是“漂亮的花朵”和“beautiful flowers”。动词、名词、形容词也很明显是一致的，汉语与英语中用来修饰名词的定语同时是形容词的“漂亮的”和“beautiful”也一一对应。在这种句子结构完全一致的情况下，用汉语分析英语或反之都是可以的，而碰到两种语言不一致的地方，就坚决不能用这种语言的语法套用那种语言的语法。平时在课堂里教师英语语法讲得多，汉语语法讲得少，因此同学们对英语语法更为熟悉，对汉语语法反倒生疏。易用语法知识去分析问题，就很容易用英语语法的知识去分析汉语句子。比如英语里有“a red apple（一个红苹果）”，“a”是冠词，而汉语里却没有冠词。同样，英语里没有量词，谁要是将“a piece of news（一条消息）”中的“piece”说成量词，英国人也绝不会同意。所以一定要注意汉语语法与英语语法的区别。

下面笔者将详细分析二者的不同点。

第一，二者在词类方面不一样。汉语的名词里有方位词，如“里、内、外、上、下、前、后、左、右、中”等，其中的几个在英语里融入了介词，有的成了形容词。因此，对于汉语的方位词，不能说它们是介词或形容词。汉语的许多动词后面能够加“着、了、过”，于是大家容易认为“着”是现在时，“了、过”表示过去时，但汉语中的“着、了、过”并不表示“时态”。“他昨天吃着饭还看书呢”“他明天看着电影还会想到我的”，这里的“着”与两个句子的过去时和将来时显然无关。

第二，二者在句子成分方面不一样。汉语里有主语、谓语、宾语、补语、定语、状语六大句子成分，英语还有一个补语。英语中用状语表示汉语用补语表示的意思，而在汉语中，则用宾语表示英语里的表语。我们见到“他在这儿逗留了三个小时。（He stayed here three hours.）”，就不能把“三个小时”当作状语，而要当作补语。在句子“他是学生。（He is a pupil.）”中，就不能说“学生”是表语，而应当是宾语。其他的句子成分也有很多不一样的地方。如汉语里有把字句，如“他把书包拿走了”，“把书包”要分析为状语。英语里则没有把字句，或者说，在英语中，汉语的“把字句”被译为“被动句”。我们可以说“He takes the school bag.”或“The school bag is taken by him.”。前者的“takes school bag”构成了整个句子的动宾部分，后者则由“The school bag”作主语，“taken”作表语，句子的结构已经完全改变。

第三，句式方面不一样。英语里当然有一些非主谓句，如“Wonderful！（妙极了！）”，但是这样的句子极少。汉语里面的非主谓句则很多。除了一个词构成的非主谓句，如：“棒！”“好！”之外，汉语里还有大量由各种短语构成的非主谓句，如“好球！”“我的帽子呢？”“我的老天爷！”“你这个小鬼！”“瞧你！”“下雨了！”“刮风了！”等。如果用英语表现这些意思，则需要用一个主谓宾或主系表皆齐全的句子。更特殊的是，在汉语里，有一种主谓语句，如“他脸色苍白”“这个人鼻梁很高”“这里的树，杨树居多”这些句子的谓语部分都是主谓短语。而在英语中，这种句式结构是无法表现的。

以上都只是简单地举例说明了汉语语法和英语语法的相同点与不同点，二者更全面更细致的异同还需在不断地学习研究中探索。只有了解掌握了这些异同，才能在今后的汉语或英语学习中运用这种工具以收到事半功倍的效果。

（一）现代汉语语法 VS 英语语法

现代汉语里一般的句子成分有八种，即主语、谓语、宾语、动语、定语、状语、补语和中心语。

英语的基本成分有八种：主语（subject）、谓语（predicate）、表语（predicative）、宾语（object）、定语（attribute）、状语（adverbial）、补足语（complement）和同位语（appositive）。

英语句子成分中，有些具有形态标志，如第一人称代词作主语就用主格“I”，作宾语用宾格“me”，作定语用所有格“my”。这些形态变化对分析辨认成分很有帮助。

汉语与英语就句子成分来说，表面上看来差不多，实际上有不少差别。例如：

（1）Xiao Li went to bed as soon as he came home.

小李回家后，立刻就睡觉了。

（2）I'll go when I have had my dinner.

我吃了饭就去。

在英语中，同一个主语在第二次出现时不能省略，必须把每个谓语所陈述的对象都表示出来。而在汉语中，同一个主语在句中第二次出现时，就可以省略。

如例（1）中，汉语说“小李回家后，立刻就睡觉了”，省去了第二个分句的主语，可以避免造成误解。若将第二次出现的主语补出来，说成“小李回家后，他立刻就睡觉了”，听的人反而可能把那个“他”误以为成另一个人。

（二）英语和汉语的五大区别

1. 英语重结构，汉语重语义

我们看一看下面的例子：

Children will play with dolls equipped with personality chips，computers with in built personalities will be regarded as work mates rather than tools, relaxation will be in front of smell television, and digital age will have arrived.

译文：儿童将与装有个性芯片的玩具娃娃玩耍，具有个性内置的计算机将被视为工作伙伴而不是工具，人们将在气味电视前休闲，到这时数字时代就来到了。

（in built：成为固定装置的，嵌入墙内的；内在的，固有的。）

这句英语是由四个独立句构成的并列句，前三个句子都用一般将来时，最后一个句子用的是将来完成时，句子之间的关系通过时态、逗号和并列连词and表示得一清二楚。而汉语译文明显就是简单的叙述，至于句子之间的关系完全通过句子的语义表现出来：前三个句子可以看成并列关系，最后一个句子则表示结果。

2. 英语多长句，汉语多短句

由于英语只要结构上没有出现错误，许多意思往往可以放在一个长句中表达；汉语则正好相反，语义通过字词直接表达，不同的意思往往通过不同的短句表达出来。正是由于这个原因，考研英译汉试题几乎百分之百都是长而复杂的句子，而译成中文后经常就成了许多短小的句子。例如：

Interest in historical methods had arisen less through external challenge to the validity of history as an intellectual discipline and more from internal quarrels among historians themselves.

译文：人们对历史研究方法产生了兴趣，这与其说是因为外部对历史作为一门知识学科的有效性提出了挑战，还不如说是因为历史学家内部发生了争吵。

（discipline：身心的锻炼，训练；纪律，风纪，命令服从；惩戒，惩罚；学科，科目。）

英文原句是个典型的长句，由27个词组成，中间没有使用任何标点符号，完全靠语法结构使整个句子的意思化零为整，使用“less through and more from”构成一个复杂的状语修饰动词arisen。在中文中，“产生兴趣”这一重要内容通过一个独立的句子表达，两个不同的原因则分别由不同的句子表达，整个句子被化整为零。

3. 英语多从句，汉语多分句

英语句子不仅可以在简单句中使用很长的修饰语使句子变长，同时可以用从句使句子变复杂，而这些从句往往通过从句引导词与主句或其他从句连接，整个句子尽管表面上错综复杂，实际上却是一个整体。汉语本来就喜欢用短句，加上表达结构相对松散，英语句子中的从句翻成汉语时往往成了一些分句。例如：

On the whole such a conclusion can be drawn with a certain degree of confidence but only if the child can be assumed to have had the same attitude towards the test as the other with whom he is compared, and only if he was not punished by lack of relevant information which they possessed.

译文：总的来说，得出这样一个结论是有一定程度把握的，但是必须具备两个条件：能够假定这个孩子对测试的态度和与他相比的另一个孩子的态度相同；他也没有因缺乏别的孩子已掌握的有关知识而被扣分。

原文中两个only if引导的从句显然使整个句子变得很复杂，可是由于有并列连词but和and，整句话的逻辑关系十分清楚：……能够得出结论……但是只要……而且只要……

从上面的译文我们可以看出，为了使中文表达更加清楚，“but only if...and only if...”被翻译为“但是必须具备两个条件……”。这种做法给我们的感觉是译文中没有从句，有的只是一些不同的分句。

4. 英语多代词，汉语多名词

在句子中，英语多用名词和介词，汉语多用动词。英语不仅有we、you、he、they等人称代词，而且还有that、which之类的关系代词，在长而复杂的句子中，为了使句子结构正确、语义清楚，同时避免表达上的重复，英语往往使用很多代词。汉语虽然也有代词，但由于结构相对松散、句子相对较短，汉语里不能使用太多的代词，使用名词往往使语义更加清楚。请看下面的例句：

There will be television chat shows hosted by robots, and cars with pollution monitors that will disable them when they offend.

译文：届时，将出现由机器人主持的电视访谈节目及装有污染监测器的汽车，一旦这些汽车污染超标（或违规），监测器就会使其停驶。

5. **英语多被动，汉语多主动**

英语比较喜欢用被动语态，科技英语尤其如此。汉语虽然也有“被”“由”之类的词表示动作是被动的，但这种表达远没有英语的被动语态那么常见，因此，英语中的被动在汉译中往往成了主动。下面我们先看一组常用被动句型的汉译：

It must be pointed out that... 必须指出……

It must be admitted that... 必须承认……

It is imagined that... 人们认为……

It can not be denied that... 不可否认……

It will be seen from this that... 由此可知……

It should be realized that... 必须认识到……

It is（always）stressed that... 人们（总是）强调……

It maybe said without fear of exaggeration that... 可以毫不夸张地说……

这些常用被动句型属于习惯表达法，在科技英语中出现频率很高，我们不仅要熟悉这些固定的句型，同时要认识到许多英语中的被动从习惯上来讲要译成汉语的主动。我们再看一个典型的例子：

And it is imagined by many that the operations of the common mind can by no means be compared with these processes, and that they have to be required by a sort of special training.

译文：许多人认为，普通人的思维活动根本无法与科学家的思维活动相比，这些思维活动必须经过某种专门训练才能掌握。

原文中有三个被动语态is imagined、be compared和be required，译成汉语都变成了主动表达：认为、相比和掌握。

有些英语被动句需要把主语译成汉语的宾语，这样才能更加符合中文的表达习惯。例如：

New sources of energy must be found, and this will take time, but it is not likely to result in any situation that will ever restore that sense of cheap and plentiful energy we have had in the past time.

译文：必须找到新的能源，这需要时间；而过去我们感觉的那种能源价廉而充足的情况将不大可能再出现了。

（restore：归还；恢复，复兴；恢复健康，复原。）

四、以学生为主体的教学模式

长期以来我国外语教学法，基本上是语法翻译法，其主要目的是培养学生的阅读和翻译能力，其手段是首先让学生熟记语法规则和例句，然后通过演绎的方法和翻译练习巩固语法概念。此后，我国外语教学界先后引进了视听法、听说法、交际法、阅读法、情景法、认知法、情感法、理解法等。各种外语教学方法之间是承前启后、取长补短、相互促进的关系。因此，我们从众多的外语教学方法发展中可以感受到其内在的发展规律。

（一）外语课堂教学中心转换教学模式的提出

近几年，我国大学外语教学界针对外语教学模式进行了有意义的探索和尝试，取得了一定成果。除了在传统的以教师为中心的教学模式研究中有所突破以外，还出现了以交际为导向，以学生为中心，以学习人的认知为目的的教学模式。但是，笔者认为我们在进行外语教学模式改革的同时，应注意这样一个问题：在任何一个教学模式中，其参与者都是教师和学生，因此，在教学过程中，教学中心应该因教学内容、教学任务、教学方法、学习策略的不同，存在一个在教师和学生之间不断转换的过程。以下本节将从教学模式的层次性、教学模式的可变性、教学模式的效率性这三个方面针对外语教学中心转换教学模式进行论述。

1. 教学模式层次性要求外语课堂教学中心转换

现代外语教学有三个不同层次的模式：

（1）宏观模式（语言教学模式、英语教学过程模式）；

（2）中观模式（大纲设计层次模式）；

（3）微观模式（课堂教学模式）。

在不同层次的教学模式中，教师和学生所处的地位是不同的。任何一个外语课堂都是这三个层次的具体体现。

2. 教学模式可变性要求外语课堂教学中心转换

第一，教学阶段可变。在不同的教学阶段应该采取不同的教学方法。每一级教学要求不同，教学设计必然要有所侧重。因此，教师在具体设计课堂模式时，随着学生水平的提高，应力求体现方法和形式上的变化。第二语言对于学习者来说是一门外语，没有母语那种得天独厚的语言环境。进行外语教学，教材是信息输入的主渠道。但给学生输入什么样的信息，按什么顺序输入，起关键作用的仍然是教师。然而，教材的内容是有限的，教师应根据教学需要，有目的地选择、过滤与教学直接和间接相关的信息，经过加工整理输入（不是灌输）给学生，以培养学生的学习兴趣，扩大学生的信息量和知识面。因此，在课堂的语言输入过程中，教师应该是教学的主体，是语言信息的发出者，学生是信息的接受者。

第二，教学认知主体的变化。学生和教师是教学活动的认知主体，而教材和其他的现代化教学设备是教学认知活动的媒介。不同院校的学生和教师的情况也不相同，即使同一院校，在不同时期，学生和教师也是不同的。例如：学生在年龄、教育背景、外语基础、学习动机、目的、期望、语言技能的强弱、学习策略等方面存在很大的差异。同时，任课教师本人的专业基础、语言水平、教学经验、语言技能的强项、教学方法的偏好、对教学效果的期望等，也是截然不同的。此外，不同的教材和同一个教材在不同的使用时期，教学设计也不是一成不变的。随着理论水平的提高，教学经验的积累，教师会逐渐认识到原有设计的不足，并重新设计教案，课堂教学质量随之进一步提高。因此，我们在实际教学过程中，教学中心不是固定地以学生或以教师为中心，而是在教师和学生之间不断进行着转换。

第三，教学中应急性可变。在课堂实践过程中，经常会出现一些意外情况，课堂设计不可能对此做出预先考虑，这就需要教师发挥应变能力，临时对课堂内容和授课计划做出相应的调整；并且在课堂教学过程中，针对某一个知识点进行临场更换教学内容的情况更是普遍存在。

第四，其他教学因素的可变。教学班级规模的大小、课堂学时的多少、教学条件和设备的优劣、外语专业和非专业的不同要求等，都会引起外语课堂教学模式的改变。

3. 教学模式效率性要求外语课堂教学中心转换

知识经济时代要求我们在教学过程中，不仅要重视外语教学的方法和内容，更要注意教学效率。树立教学效率观念，提高外语教学效率是外语教学成功的关键。提高外语教学成效的关键是依据语言规律和语言学习规律，确立一条符合人的认知规律的外语学习路子。在此基础上，建立科学的教学目的，创设有效的教学模式，进行外语教学和教学效果的科学分析，这样才能提高外语教学的效率。外语教学是教师和学生互动的活动，在整个外语教学的活动中，固定把教师当作中心或固定将学生作为中心进行课堂教学活动，都不能提高外语教学的效率。

（二）外语课堂教学中心转换教学模式的原则

外语课堂教学中心转换教学模式的理论基础、基本原则和教学过程是以语言学、心理学、教育学、社会学等学科为依据。我们知道，语言学习过程一般要经历语言输入（音、形、义以及语言的文化背景）、语言内化和语言运用等三个语言信息加工、存储、提取的阶段。因此，外语课堂教学中心转换教学模式应服从以下三个原则。

第一，语言知识与语言能力并重，两不偏颇。

一方面必须依据学生的需求和其实际的外语基础和水平来选择语言材料以及安排教学任务；另一方面，教师要转变观念，明确自己在课堂中的地位和作用。根据语言获得的规律，在听、说、读、写、译五项语言基本技能之间，有一个语言机制转变的过程，必须在足够的语言材料的“输入”之后，才能逐步“产出”说、写、译的能力。所以，教师应该成为语言输入的重要桥梁：一方面要对语言材料进行详细的讲解；另一方面要不断地提出具有启发性的问题，使学生在学习语言的过程中不断提高对语言规律的认识。教师应是学生语言学习过程中语言内化的催化剂，要根据不同学生的外语基础、学习目的、学习方法等因素，设计出多种多样的教学活动，以满足不同层次学生的需要。教师应是语言输入的组织者，要让每个学生都积极参与到教学活动中来，充分地调动和发挥学生的积极性和学习潜力，培养和训练学生的学习能力，而不是单纯地讲语言知识点，其目的在于引导学生综合运用各种语言的知识积极参加相关的语言实践活动，逐步发展学生实际运用语言的能力。

第二，在语言内化过程中，必须形成教师和学生的双向交流、互动教学。

在以往的教学中，教师为外语课堂教学活动的中心，课堂基本上是教师的“独角戏”。诚然，“讲解”的作用与必要性是不可否认的，但过多的讲解只能改变学生的内在语言信息的存储量，却无法最大限度地激发学生的积极思维和培养学生用语言进行分析、思索和归纳以及发现语言内在规律的能力，即无法实现语言思维和语言技能的内化。外语课堂教学中心转换模式是在教师和学生之间进行一种动态的平衡运动，它可以使学生投入语言学习活动中去，激发他们的学习兴趣。

第三，充分利用课堂时间，提高外语学习效率。

在外语课堂教学活动中，教师一方面要引导学生从宏观上对语言材料进行理解和分析；另一方面，针对结构复杂、内容费解的句子及语言点，教师应进行详细讲解，不能因为强调听、说而全部一带而过，这样会使学生难以消化这些知识点，造成他们似懂非懂的状态。总之，在外语课堂教学中，语言知识要精选、讲透。只有精选，才能为语言的输入提供准确而详实的材料；只有通过反复操练和必要的讲解，才能完成学生的语言知识的内化，才能保证学生对新知识点的获得、巩固和转化，完成将教师传授的知识和书本知识的结合。同时，语言操练环节应坚持省时、参与面宽、讲究实效的原则。

外语课堂教学中心转换教学模式的提出科学地将学习语言的自然规律与我国外语教学实践相结合。在教学中，这种教学模式既让学生打下了坚实的语言基础，又增强了学生的语言使用能力，使教和学在整个教学活动中进行了动态的平衡和有机的结合。

五、信息技术下的翻译教学模式

随着计算机技术的迅猛发展，多媒体技术和网络技术在外语教学中得到了广泛的应用。尤其是近几十年，各种多媒体外语教学课件和软件不断地被推出来，许多外语教师将多媒体教学课件运用到课堂上来，多媒体计算机辅助外语教学逐渐成为一种新的外语教学模式。

近几年，翻译教学这一方面存在一些不尽如人意之处，全国各高校都在扩大招生规模，造成班级学生人数多而英语基础又参差不齐的情况，教师很难做到因材施教。用多媒体计算机进行英语教学可以弥补以上的不足。计算机辅助外语教学改变了传统的“课堂”概念，不论是计算机房，还是学生宿舍，甚至家中都可成为授课地点。教室不再是教学唯一的地方，而是教学的一个有机组成部分，英语教学也不再是完全的集体行为，而成为个体独立的行为。计算机辅助外语教学既保持了传统特色，又可以发挥软件便于管理、升级方便的特长，使外语教学能够随社会和现实的变化发展，更能接近社会实际，更为全面地提高学生运用语言的实际能力。计算机辅助外语教学还改变了“教师”的概念。不仅课堂上讲授的是教师，一台电脑、一个软件都可以成为英语学习者的教师，“外语教师”可以在网上随时为学生解决外语疑难问题。计算机辅助外语教学软件还可以代替教师完成工作中纯粹机械性的劳动，使教师更为有效地进行面对面教学活动，从而做到因材施教，使教学过程更富有成效。

外语教师在计算机技术方面以及如何将外语教学课件和外语教学相结合方面都存在不少问题。以下就多媒体与公共英语教学的个体化问题进行讨论。

（一）多媒体语言教学将改变大学翻译教学模式

信息技术的飞速发展，正在不断使大学公共外语的教学内容、教学手段、教学方法和教学考核等方面发生根本性的变化。首先，多媒体语言教学将改变传统的教学理念和教学方法。在传统的英语教学当中，教师是课堂的主导者，学生被动地听讲，知识的传授是单方面的灌输。这样的教学模式培养出来的学生缺乏学习主动性、创造性和实践能力，实际应用语言的能力提高很慢，跟不上时代迅速发展的步伐。多媒体语言教学从根本上改变了传统的英语教学模式，它标志着一整套全新的教学思路和方式的提出，打破了传统的以教师和课堂为主体的“固定”教学思维模式，将教学变成了一个动态过程，突破了时空局限，给传统的英语语言教学带来了巨大的变化。

传统的课堂教学以教为主，学生只是被动地听讲，机械地做笔记；多媒体课堂教学追求教与学的合作化，以讲引导思维，以讲激发感情，并赋予学生学习的主动性，将学生的“被动听讲”转变为“主动学习”，由“要我学”转变为“我要学”。传统教学的班级授课方式使学生缺乏与教师、同学的交流与协作；多媒体网络式教学则提供了师生之间交流、学生之间协作的机会和条件。基于多媒体教学的众多优势，我们可以考虑在不改变原有文字教材的基础上，更多地使用多媒体课件和多媒体网络。

（二）多媒体技术丰富了翻译教学技术手段

多媒体教学课件和软件已成为翻译教学的各种技术手段中最新、最有效的辅助教学手段，将多媒体引入翻译教学课堂也已成为近年来教育界关注的一个热点问题。就外语教学而言，多媒体将有助于提高教学效果，尤其是模拟现实和提供语言应用的环境将使外语教学事半功倍。多媒体外语教学使用了媒体信息、音频信息、视频信息、远程数字信息等，提供了用于外语教学的全部媒体。外语语言教学需要记录和重播声音，需要提供实景的播放，需要语言、文字、情景同步提供给学习者，需要语音的矫正、领读，需要语法检查、拼写校对等功能。新一代计算机外语教学软件基本上具备以上的所有功能。通过计算机网络还可以实现外语远程教学。

（三）多媒体与外语教学相结合的具体方法

1. 教师要选择适合学生需要的多媒体课件和软件，以作为对课堂学习的有益补充

当代大学生思想活跃，愿意接受新鲜事物，乐于紧跟时代的节拍。而课堂教学提供的教材容量有限、内容滞后，教学内容往往因跟不上时代的要求而显得落伍。学生很难涉猎更广泛的知识，很难获得国内外各学科领域的最新信息，进而难以适应社会、经济和未来的发展。如果选择恰当的多媒体作为外语教学的辅助手段，可以充分发挥多媒体的优势：集声、文、图、像于一体，便可以大大调动学生的积极性，使原本枯燥的学习在轻松活泼的气氛中完成，以发挥学生的主动性和创造性，展示学生的才能和潜力。

2. 多媒体技术和传统文字教材在课堂教学中的并行使用

传统的文字教材中，教学内容主要是描述性的文字和补充说明性的图形和图表；文字符号是静止的；效果主要是视觉上的；教学内容的线性结构和顺序都是以教为主，阅读时顺序性很强，学生只能在老师的指导下

获得正确的事实、概念及其层次逻辑关系。因此，传统的文字教材不够生动，学习起来自由度不大，灵活性不强，而且难以促使学生从已有的知识结构向新知识结构进行有效迁移。现代的多媒体软件中，教学内容可以用文本、图形、图表、图像、动画等多种媒体相结合；信息符号有静止的，有运动的；有视觉的，有听觉的；信息组织方式是非线性的网络结构，有利于激活学生原有的知识，并使其通过推测、判断、联想来轻松地获得新知识。多媒体教材中统一性和灵活性的完美结合为学生提供了一种动态的、开放的认知形式，有利于学生主动参与、自主学习。

3. 多媒体课件使学生在课下单独完成诸如语法、听力、口语操练等部分内容成为现实

大学学生在入学前已经进行了6—9年系统的英语语言学习，应已掌握基本的英语语音和语法知识，认知单词3500个左右，并在听、说、读、写方面受过初步训练，因此，在课堂上进行大量的语法、听力、口语讲解和练习，无疑是在浪费时间。同时，我们也不可能在短短的几堂课内把所有学生在这几方面的问题都解决了。在课下，学生可以选择适合自己的课件来解决这些问题。这样既可以节省课堂时间，提高课堂的学习效率，又能培养学生自己发现问题、独立思考、解决问题的能力。大学外语教学可以从注重语言本身转到注重语言习得和语言运用，从偏重语言知识传授转到侧重学习方法教育，培养学生实际运用语言的能力。

我们应该正确评估多媒体技术在外语教学中的作用。多媒体并不是解决当前所有外语教学问题的秘方，它只能使好的教学更上一层楼。如果使用不当，反而会降低教学质量。在外语教学改革中，教学方法的改进和课

程的改革应该放在首位，其次才应考虑多媒体技术与英语教学的结合。在外语课堂上，我们即使不使用多媒体，仍可通过能够在课堂上增加互动性的活动来激发学生的学习兴趣，给学生提供更多实际运用语言的机会。课堂教学要以学为主，以教为辅。我们对多媒体教学不要期望过高，多媒体技术只是辅助教学的手段，多媒体教学不是对课堂教学的替代，而是丰富教学的手段。总之，多媒体语言教学符合外语教学发展的规律，多媒体计算机外语教学可以满足公共外语个别化教学、自助式学习，符合现代化教学思想，使外语学习不再成为负担。

六、网络环境下的翻译教学模式

许国璋教授指出："语言是人类特有的一种符号系统，当它作用于人与人的关系的时候，它是表达相互反应的中介；当它作用于人和客观世界的关系的时候，它是认知事物的工具；当它作用于文化的时候，它是文化信息的载体和容器。"通过网络交流信息已经成为现代社会的一个基本沟通方式，网络语言已经成为其折射的社会文化一个重要的媒介。同时，网络语言是伴随着网络产生和发展而逐渐演变出来的一种不同的语言变体。它是以网络技术发展为先决条件，以网民为语言使用群体，以交际为目的的特殊语言。

（一）网络词语产生的社会文化背景

1. 网络技术迅猛发展及其广泛使用

网络是21世纪最有发展前景，最有影响力的媒体，无论是政治选举调查，还是商务市场调研均可以在网络上进行。截至2019年6月，互联网在国内的普及率达61.2%。中国的互联网迈入“热词”或“词媒体”的时代。

网络语言使用群体已经形成，并达到了语言承载的规模。

网络词语是由一定的网络用户群体在网络虚拟空间创造和大量使用的具有时事性、广泛性和鲜活性的语言变体。中国互联网络信息中心（CNNIC）于2019年8月30日在京发布了第44次《中国互联网络发展状况统计报告》，据《统计报告》显示，截至2019年6月，我国网民规模达到8.54亿，较2018年底增加2598万人；我国手机网民规模达8.47亿。由此可见，一个稳定的网络语言使用群体已经形成，并能够使这种语言变体长期、稳定地存在和使用。

2. 网络语言具有鲜明的时代特色

国家语委发布的《中国语言生活状况报告（2010）》指出，2008年和2009年的网络新词出现，如“雷人、打酱油、裸官、食草男、范跑跑、郭跳跳”等。2010年的热词、热字或流行语，从现实世界到虚拟空间，几乎覆盖了社会生活的每一个角落，如同“流星雨”一般蜂拥而至。由于每年年末都会进行网络新词的评选，再加上媒体等的聚集，这使得网络新词不断融入人们的生活中。

（二）英汉网络词语的生成方式对比分析

由于现代社会资讯信息过载，知识信息大爆炸，人们越来越多地采用热词、流行语来浓缩传递海量信息，使传递的内容更简洁，传递的速度更快，传递的方式更方便。网络新词是人们依据语言构成及其依存的文化背景创造出来，并为广大网络交际使用者所接受的词语，如：美眉、大虾、斑竹、菜鸟等。

1. 汉语网络词语的生成方式分析

汉语网络词语主要有以下六种生成方式：

（1）谐音，如：斑竹—版主；大虾—大侠；

（2）外语词汇的谐音译音，如：猫—调制解调器；鼠—鼠标；

（3）直接借用英语单词，如：fans—追星族；out—落伍；cool—有个性；

（4）英语单词或短语的首字母缩写，如：B to B—Business to Business（商家到商家）；

（5）汉语拼音缩略语，如：GG—哥哥；JJ—姐姐；DD—弟弟；

（6）字母与数字混合形式，如：B2C—Business to Consumer（从商家到用户）；F2F — Face to Face（面对面）。

2. 英语网络词语的生成方式分析

网络词语的生成方式，相较其他书面用语发生了很大的变化，这种变化最明显表现在词语方面，网络词语主要是利用现有的语言材料通过构词方式产生的。从词汇的形态结构来看，英语网络词语的构词法主要有以下几种：

（1）合词构词法

合词法就是把两个或两个以上的词按照一定的顺序组合构成新词的方法。据统计，合成造词在英语网络语言中占了20.7%。例如：Helicopter parent（直升机父母）是指某些“望子成龙”“望女成凤”心切的父母就像直升机一样盘旋在孩子的上空，时时刻刻监控孩子的一举一动。

（2）拼缀构词法

拼缀法就是对原有的两个单词进行删减，取舍其中的前缀或后缀而形成新词的方法。

例如：botel（boat+hotel）汽艇游客旅馆；jazzotheque（jazz+discotheque）爵士音乐夜总会。

（3）谐音构词法

谐音构词法是指利用相同或相似词汇的语音构造出新的词汇的方法。该方法主要是根据单词的发音特点和其他词语组合成词形简化而词义不变的网络新词语，或用发音相同的字母代替单词，如：thx（thanks）；bbs（be back soon）；asap（as soon as possible）。

（4）缩略构同法

缩略构词法使得网络词汇结构简练，使用方便，满足了人们进行高效快速的信息交流的要求。英语网语缩略的方法有如下几种：

①单词缩写：只保留单词中的词缀或词根。例如：Tel（Telephone）；Add（Address）；Info（Information）；等等。

②短语和句子缩略：由短语和句子中的每个单词的首字母连接而成。例如：

WYSIWYG（What You See Is What You Get）；WYT（Whatever You

Think）；WB（Welcome Back）等。

3. 英汉网络语言造词方法的共同点

（1）任意性

网络语言是在网络这个虚拟世界使用的不受任何约束的语言变体，具有开放性、任意性的特点。因此，在这个网络虚拟空间上，每一个人可以自由地发表自己的意见和观点。与其他的语言交流方式不同的是：网络语言在使用上不受各种语言规则的制约，只要不妨碍交流，各种语言词语都可以采用，并且词语可以任意组合。

（2）简化性

网络时代的特点是信息的传播不再受时间、空间、资源的限制，整个世界呈现出“平面结构”，网络语言也在悄然发生变化：人们对待新事物，不再用固有词语去描述它，而是将之代码化——以简化的单词或字符来传达相同的语义。网络词汇输入便捷、高效，便于人们使用和记忆。

4. 英汉网络词语的语义对比分析

（1）概括性

一般的词指的都是整类事物和现象。如：“打酱油”“楼脆脆”“范跑跑”这些网络词语能够形象、生动地反映该事物的本质特征。使用者能够准确地把词与所反映的现象联系起来。

（2）模糊性

网络词语的模糊性指的是词义的内涵和外延界定不清晰，是客观事物连续性在人大脑中的反映。事物的核心部分一般来说还是可以明确的，但是它与其他事物的差异逐步扩大，其间不存在截然不同的界限。词义的核心部分仍是人们注意的重心，是词义所要概括的主要对象。

（3）民族性

网络词语因为使用者所属民族不同，往往词语概括的对象也大相径庭，由此而产生了词语的民族性。词义不仅在理性意义上有民族性，在附加色彩上也可以显示出民族性。

网络语言是以互联网为平台，以全球经济一体化和各种社会文化不断交流为背景产生的，并且它随着经济和文化的发展还会进一步扩大，渗透到我们日常的生活中。我们作为语言工作者必须对这种语言现象给予高度的重视。对英语和汉语网络语言的造词方法和比较进行研究，不仅能够拓宽我们研究的视野，还可以推动外语教学研究的发展，使我们的外语教学能够紧跟语言发展趋势。

第五章　实践应用与未来展望

一、翻译人才培养的实践应用

（一）翻译教学的现状

1. 英语翻译教材内容受限

当前，学生使用的多数翻译教材存在一个共性问题，即说明性和科技性较强的文章比重较大，多为“骨架”式，忽视了语言形式的文化意义。翻译教材中涉及的英语文化，尤其是有关英语国家价值观、思维方式、民族心理等方面的材料很少。这就使学生在学习翻译过程中对非语言学形式的西方文化因素了解甚少。

2. 翻译教师的文化意识淡薄

教师因素是文化翻译教学能否落到实处的重要因素。英语翻译教学仍停留在翻译词汇、语法层面上，几乎不涉及文化。造成这一结果的原因有很多：首先是翻译教师自身接受的翻译教育就是传统的“骨架知识”教学，所以其观念也就难以得到矫正。在英语翻译课堂教学中，多数教师仅注重学生对某些词汇、语法点的翻译，却很少教授如何更好地完成跨文化交际活动，对英汉文化知识的渗透十分有限，也很随心所欲，点到即止，缺乏一定的系统性和条理性。一些翻译教师认为学生能准确翻译出词汇和语法等基本语言点就够了，不需要引入一些文化知识、一些教师认为学生学习英语翻译，仅掌握其正确翻译的方法即可，进而忽视了语言中文化因素所起的作用；更有一些教师认为传授文化知识会加重学生翻译学习的负担，不愿将课堂上宝贵的时间花在文化教学上，所以放弃了文化知识的传授。其次，教师也属于非母语学习者，缺乏英语学习的大环境，所以其掌握的跨文化知识也非常零散；并且由于教师的教学任务过于繁重，没有太多时间和精力用在文化差异研究上。

3. 学生缺乏跨文化交际意识

我国学生进行英语学习的主要目的是为了通过考试，因此考试是学生英语学习的指挥棒。在这种意识的指导下，学生文化学习的意识非常淡薄，部分学生甚至认为跨文化学习是一种浪费学习精力的行为，并不能提高英语考试的成绩。由于学生的跨文化意识淡薄，虽然在应试中会取得一定的成绩。但是英语实用能力与交际能力却相对较弱。学生中存在的“哑巴英语”现象便是普通语言知识教学的重要产物。

（二）翻译教学的内容与目标

1. 翻译教学的内容

翻译教学的内容主要包括：翻译基本理论、英汉语言对比、常用的翻译技巧。

（1）翻译基本理论。翻译的理论知识主要涉及对翻译活动本身的认识、了解翻译的过程、标准、翻译对译者的要求、工具书的使用等。

（2）英汉语言对比。对英汉语言的对比既包括语言层面的内容，又涉及文化层面和思维层面的对比。在语言层面上，主要是对英汉语言的语义、词法、句法、文体篇章进行比较，发现它们的异同。对英汉文化、思维的比较，利于更加准确、完整、恰当地传达原文的信息。

（3）常用的翻译技巧。翻译中的常见技巧有语序的调整、正译与反译、增补语省略、主动与被动、句子语用功能再现等。

2. 翻译教学的目标

《大学英语课程教学要求》提出的翻译教学目标如下。

一般要求：

（1）学生可以借助词典对题材熟悉的文章进行英汉互译；

（2）学生的英汉译速可以达到每小时约300个英文单词，汉英译速可以达到每小时约250个汉字；

（3）学生的译文可以做到基本准确，没有重大的理解和语言表达错误。

较高要求：

（1）学生可以摘译所学专业的英语文献资料；

（2）学生可以借助词典翻译英语国家的大众性报刊上题材较为常见的文章；

（3）学生的英汉译速应达到每小时约350个英语单词，汉英译速应达到每小时约300个汉字；

（4）学生的译文通顺达意，理解和语言表达错误较少；

（5）学生能够使用一定的翻译技巧。

更高要求：

（1）学生可以借助词典翻译所学专业的文献资料与英语国家报刊上带有一定难度的文章；

（2）学生可以翻译介绍中国国情或文化的文章；

（3）学生的英汉译速可以达到每小时约400个英文单词，汉英译速可以达到每小时约350个汉字。

（4）学生的译文内容准确，基本没有错误、漏译，文字通顺达意，语言表达错误较少。

（三）文化差异对翻译人才培养的启示

1. 提升学生英语文化知识水平

从当前的英语教学翻译教学现状来看，很多学生仅注重对专业课的学习，全面照搬课本上的知识，对英美国家的文化知识了解甚少。因而，在翻译过程中一遇到文化问题，学生就会手足无措，出现误译的情况。然而，翻译涉及众多学科与领域，若不具备该领域一定的基础知识将很难理解文本，也就很难翻译得准确。有限的词汇量、狭窄的知识面、匮乏的文化背景知识均是阻碍学生翻译水平提升的因素。基于以上问题，很多院校纷纷开设了涉及西方文化以及文学方面的选修课，旨在扩大学生的知识面，激发学生对外国文化的兴趣，培养学生的文化差异意识。在具体的翻译教学中，教师还应将英美文化知识和教学内容有机地结合起来，增强学生对英语中所包含的文化现象的认识和理解，从而提高他们在翻译中处理文化问题的能力。

此外，教师还应有意识地选用一些包含文化知识、涉及文化差异的教材，并利用一切策略、资源来帮助学生置身于跨文化交际的真实情景中，体会英语的具体使用，以便学生能更加忠实、准确地再现原文的思想意图。

2. 夯实学生的语言功底

由于翻译是一种语言转换为另一种语言的活动，所以要想译出好的作品就必须在两种语言之间寻找最佳的信息匹配方式。如果没有强大的双语基本功作支撑，那么学生既无法深刻体会源语言的信息，又无策略将其有效地通过目的语表达出来，翻译的质量就会大打折扣。例如：

（1）He identified himself with the masses.

（2）Enjoy the luxury of doing good.

（3）It is two years come Christmas.

要理解以上三个句子并不难，难的是如何用符合汉语表达习惯的话语将其内涵传达出来。下面是以上三个句子对应的译文。

（1）他和群众打成一片。

（2）以行善为乐。

（3）到今年圣诞时就是两年了。

在先进的英语翻译教学中，教师通常只关注提高学生的英语水平，而忽视了学生的汉语水平。著名翻译家陈廷佑曾指出，能不能译出来取决于译者的英文功底，而译得好不好则取决于译者的汉语功底。因此，加强培养学生的汉语语言功底具有十分重要的意义，要让学生熟悉汉语行文特征，了解汉语的表达习惯，这样才能在翻译过程中体现、发扬汉语语言传统，创造出更加完美的译文。

3. 积极开展网络教学与第二课堂教学

从目前来看，我国的英语翻译教学仍沿用着传统的教学策略和教学工具。在科技、经济、生活发生巨大改变的今天，传统的教学策略与工具已经无法更好地提升学生的翻译能力。基于此，教师应积极主动地探索新的翻译教学策略与教学工具并身体力行。

互联网是一种信息技术，是IT（Information Technology，互联网技术），是信息传播、整理、分析、搜寻的一种技术，其主要任务是传递信息。互联网中存储着海量的信息，且这些信息、资源的更新也非常及时。因此，在翻译教学中教师应充分发挥互联网的优势，将网络作为翻译课堂教学的补充，既可以实现由教师现场指导的实时同步学习，也可以实现在教学计划指导下的非实时自学，还可以实现通过使用电子邮件、网上讨论区、网络通话等手段的小组合作型学习等。

另外，由于翻译课堂时间十分有限，所以教师还应在课后开展一些有益学生增加文化知识、提高翻译水平的活动，如推荐学生阅读英文原版书刊、杂志，观看英文电影、电视，听英文广播等。

4. 注重对学生文化差异意识的培养

加强学生的文化差异意识，对其更好地处理翻译中的文化差异问题，提高翻译能力，改善翻译教学的质量有重要意义。具体来说，教师可从以下几个方面着手。

（1）自然因素引起的文化差异教学

自然环境对人类生产生活有着较大的影响，这些影响也必然反映在其语言中。而中国和英美国家所处的自然环境不同，因而各自语言中有关自然环境的语言表达所具有的文化含义也有所区别，其主要体现在自然、植物、动物、数字、颜色等客观文化现象的差异上，这个我们会在随后的章节中详细介绍。例如：Shall I compare thee to a Summer’s day? Thou art more lovely and temperate.（你如此可爱温暖，我可以把你比作夏日吗？）本句出自莎士比亚的十四行诗，诗人将恋人比作a Summer’s day。中国的夏天常常令人炙日难耐，心情烦闷，因此中国读者在理解这句话时常感到困惑。实际上，英国四周环海，纬度较高，夏天时太阳早上4点升起，晚上10点落下，平均温度约20度。因此，英国的夏季景色秀丽、凉爽宜人，这也就难怪诗人将恋人比作夏日了。翻译时若缺乏这方面的知识就很容易出错。再如：Spend money like water.（挥金如土）。中国位于亚洲大陆，土地面积辽阔，“土”是人们生活中最依赖、最常见的事物，所以汉语中形容花钱大手大脚的词语是“挥金如土”。而英国是个岛国，其航海一度领先世界，人们对于海洋、海水的意识更加深刻，因此在表达相同意思时使用了spend money like water。所以，教师只有让学生了解产生差异的文化因素，学生才能更准确地理解原文，并将原本的真实含义传递给目的语读者。

（2）历史、宗教因素引起的文化差异教学

历史、宗教上的重要人物、事件等往往会反映在其本民族的语言之中，从而产生了不同民族的文化差异。这一因素带来的差异主要体现在修辞文化和习语文化等语言文化方面，这些内容囿于篇幅，无法在本书中详细说明。在翻译过程中，学生只有对各自不同的文化积淀有所了解，才能准确辨别翻译中的文化问题，进而采取有效的对策，实现忠实、通顺的翻译。

中国深受佛教影响，因此汉语中有很多和佛有关的习语。例如：

半路出家

借花献佛

临时抱佛脚

不着僧面看佛面

苦海无涯，回头是岸

跑得了和尚跑不了庙

人争一口气，佛争一炷香

救人一命胜造七级浮屠

泥菩萨过河——自身难保

在英美国家，人们大多信仰基督教，因而英语中和God（上帝）有关或和《圣经》有关的表达也很多。例如：

a doubting Thomas 多疑的托马斯

a wolf in sheep's clothing 披着羊皮的狼

beat the air 击打空气

Judas's kiss 犹大之吻

Paradise lost 失乐园

the eleet of God 上帝的选民

the Judgment Day 最后审判日

the lost sheep 迷途的羔羊

在翻译教学中，教师应有意识地教授一些相关的历史、宗教背景知识，以帮助学生准确地译出原文。

（3）风俗不同引起的文化差异教学

中英两国人民有各自特别的习俗和对事物的认识。这种差异在语言中的一个重要表现就是那些包含动物的词语褒贬含义不同。例如，“龙”是中国神话中的动物，大约是从秦朝开始，就有把帝王称之为龙的说法。汉朝以后，龙就成了帝王的象征。汉语中有许多含有“龙”的成语是褒义的成语，如“真龙天子”“蛟龙得水”“龙凤呈祥”等。经历了上千年的演变和发展，龙的形象已经成为中华民族的象征，海内外的炎黄子孙仍骄傲地自称为“龙的传人”。但是，英语中的dragon是一种形似巨大、长着翅膀、有鳞有爪、口中喷火的、替魔鬼看守财宝的凶悍怪物，因而是邪恶的代表和恶魔的化身。由此可见，龙与dragon虽然都是神话中的动物，但它们的文化内涵却相去甚远。风俗不同引起的文化差异，主要体现在人们日常需求方面的服饰、居住文化方面。

总之，教师要重视这些由不同民族的生活习俗引起的文化差异，以使学生能够妥善处理词语所具有的不同文化内涵，做出正确翻译，实现跨文化交际的目的。

（4）思维方式不同引起的文化差异教学

中英两国人民往往因为对同一事物的看法、理解不同，而在各自的语言中有着不同的表达方式。思维方式的差异可以说是文化差异的根源。它几乎可以包罗或解释中西文化差异的各个方面。例如：

It is impossible to overrate the significance of the invention.

不了解英语表达习惯和思维方式的学生很可能将其译为“过高评价这项发明的意义是不可能的”，但这和原文的含义相去甚远。原文含义的重点不是“过高地评价”不可能，而是这个事物本身就不值如此好评，因此正确译文应为“这项发明的意义再怎么评价也不会太高”。可见，在翻译教学中，中英思维方式引起的文化差异教学同样重要。学生只有了解并把握了中英不同的思维方式才能译出地道的文字。

二、跨文化交际的未来发展趋势

跨文化交际是指不同文化之间的信息交流和互动。在现代全球化社会中，跨文化交际变得越来越重要和必要。随着全球化的推进，各国之间的联系和交流不断增加，人们需要具备跨文化交际能力，以有效地与其他文化背景的人进行沟通和合作。跨文化交际有助于促进文化多样性的认知和尊重，增进国际合作与理解，推动文化交流和经济发展。

全球化的发展加速了不同文化之间的接触和交流。人们往往需要与来自其他国家和地区的人合作，了解他们的价值观、行为方式和沟通方式，以实现共同目标。全球化也促进了跨国企业的兴起，跨文化交际成为企业成功的关键因素。技术进步改变了跨文化交际的方式和工具，互联网和移动通信技术的发展，使得人们可以轻松地与世界各地的人进行实时沟通。在线翻译工具的普及和进步，降低了语言障碍，使得不同语言的人们能够更好地交流。同时，虚拟现实和增强现实技术的应用，提供了全新的跨文化体验和学习平台，让人们能够身临其境地感受其他文化的环境和场景。

（一）技术与跨文化交际的融合

1. 虚拟现实和增强现实的应用

虚拟现实和增强现实的应用在跨文化交际领域具有巨大的潜力。这些技术创造了身临其境的体验，让人们能够更好地了解和体验其他文化，促进跨文化交流。以下将深入论述虚拟现实和增强现实在跨文化交际中的应用。

首先，虚拟现实技术可以为人们提供虚拟旅游和虚拟文化交流的平台。通过虚拟现实设备，人们可以身临其境地感受其他文化的环境和场景，仿佛真实地置身于异国他乡。这种身临其境的体验能够帮助人们更好地理解和感受其他文化的价值观、行为习惯和社会规范。例如，一个人可以通过虚拟现实技术参观中国的长城、法国的卢浮宫或者埃及的金字塔，亲身体验这些地方的文化氛围和特色。这种体验有助于打破地理和时间的限制，让人们能够更深入地了解其他文化，增强对其的理解和尊重。

其次，虚拟现实和增强现实技术可以提供实时的文化解读和指导。在跨文化交际中，语言和文化的差异常常导致交流困难和误解。通过增强现实应用，人们可以通过手机或眼镜等设备实时获取关于其他文化的解读和指导。举例来说，当一个人在旅行中遇到陌生的文化习俗或礼仪时，可以通过增强现实应用获取相关的文化解读，了解当地人的行为准则和社交规范。这种实时的指导可以帮助人们更好地适应和融入其他文化环境，避免误会和冲突。

最后，虚拟现实和增强现实技术还可以为跨文化教育和培训提供创新的方式。在学校、企业或社会组织中，可以利用虚拟现实和增强现实技术模拟跨文化交际的场景，提供训练的机会。学生、员工或志愿者可以通过这些技术与虚拟的文化代表进行对话和互动，学习如何与其他文化背景的人有效沟通和合作。这种虚拟的实践经验可以帮助人们培养跨文化交际能力，提高对其他文化的理解和敏感度。然而，虚拟现实和增强现实技术在跨文化交际中也面临着一些挑战和限制。第一，技术设备的成本和普及度仍然是一个问题。尽管虚拟现实设备和增强现实应用的价格逐渐下降，但仍然需要更多的投入和推广，以便更多人能够享受到其带来的跨文化体验和益处。第二，技术本身的局限性也需要被认识和克服。例如，虚拟现实设备可能引发晕眩和不适感，增强现实应用可能受到现实环境的限制。这些问题需要在技术研发和应用过程中得到解决，以提高用户体验和应用效果。

综上所述，虚拟现实和增强现实技术在跨文化交际中具有巨大的潜力。通过创造身临其境的体验和提供实时的文化解读和指导，这些技术能够促进跨文化交流、增进对其他文化的理解和尊重。未来，随着技术的不断进步和普及，虚拟现实和增强现实将成为跨文化交际中不可或缺的工具，成为人们打开更广阔的文化视野和体验世界的媒介。

2. 在线翻译工具的进步和普及

随着在线翻译工具的进步和普及，跨文化交际中的语言障碍逐渐被克服。即时翻译工具为人们提供了语言转换的实时支持，促进了跨语言交流和跨文化交流的便利性。本部分将深入探讨在线翻译工具的进步和普及在跨文化交际中的重要作用。

首先，在线翻译工具的发展使得语言不再是跨文化交际的障碍。过去，不同语言之间的沟通常常受到语言障碍的限制，阻碍了人们的跨文化交流。然而，随着机器翻译技术的进步，人们可以通过在线翻译工具实现语言的即时转换。这些工具使用先进的算法和人工智能技术，能够识别和理解不同语言之间的差异，并快速将语言转换为目标语言。这种即时翻译的功能大大简化了语言交流的过程，让人们能够更自由地进行跨文化交流。

其次，机器翻译技术的进步使得翻译质量得到提升。过去，机器翻译常常存在翻译不准确、语义理解困难等问题，导致翻译结果不准确或不流畅。然而，随着深度学习和自然语言处理技术的发展，机器翻译的质量有了显著提升。现代的机器翻译系统能够更好地理解上下文、识别多义词和翻译习语，使得翻译结果更加准确、流畅，并更好地传达不同语言之间的含义和表达方式。这种翻译质量的提升有助于消除误解和歧义，改善跨文化交际的效果。

最后，在线翻译工具的普及和便捷性为人们的跨文化交流提供了更大的自由度。过去，语言障碍常常限制了人们在旅行、商务和日常生活中的跨文化交流。然而，随着智能手机和移动互联网的普及，人们可以随时随地使用在线翻译工具进行语言转换。这种便捷性使得人们能够更自由地与不同语言背景的人进行交流，增进了文化之间的理解和互动。无论是旅行时与当地人交流，还是在国际商务中进行跨语言交流，在线翻译工具为人们提供了重要的支持和便利。

尽管在线翻译工具的进步和普及为跨文化交际带来了许多好处，但仍然存在一些挑战和限制。例如，语言之间的文化差异和习惯用语等特殊表达仍然可能导致翻译的不准确性。机器翻译在处理这些复杂情况时仍面临困难。此外，对于某些特定领域的专业术语和文化背景的翻译，机器翻译的质量仍然有待提高。因此，在跨文化交际中，仍然需要借助人工翻译和专业翻译人员的支持来确保翻译的准确性和流畅性。

综上所述，在线翻译工具的进步和普及在跨文化交际中起到了重要的作用。通过实现语言的即时转换和提高翻译质量，这些工具消除了语言障碍，促进了跨语言交流和跨文化交流的便利性。然而，我们也要认识到在线翻译工具的局限性，从而在实际应用中注意其准确性和适用性，以便更好地实现有效的跨文化交际。

3. 社交媒体和即时通讯的作用

社交媒体和即时通讯在跨文化交际中发挥着重要的作用。它们打破了地域和时间的限制，为人们提供了一个全球范围内分享和交流文化的平台，促进了不同文化之间的互动和理解。本部分将深入探讨社交媒体和即时通讯在跨文化交际中的作用和影响。

首先，社交媒体平台为人们提供了一个广泛的文化交流和分享的平台。通过社交媒体，人们可以发布文字、照片、视频等多种形式的内容，与全球范围内的朋友、家人和陌生人分享自己的文化和生活经验。这种开放的交流平台使得人们能够更直接地了解其他文化的观点、价值观和生活方式。通过与不同文化背景的人互动，人们可以拓宽自己的视野，增加对其他文化的了解和尊重。

其次，即时通讯工具使得人们能够随时随地与不同文化背景的人进行实时交流。通过应用程序如WhatsApp、微信等，人们可以即时发送文字、语音、图片和视频消息，与其他人进行实时的对话和交流。这种实时通讯的便利性促进了文化间的交流和合作。无论是商务合作还是个人交流，即时通讯工具为人们提供了一个快速、直接的交流渠道，打破了时间和地域的限制，使得跨文化交际变得更加便捷和高效。

最后，社交媒体和即时通讯也带来了一些挑战和问题，例如信息的真实性和可信度就成了一个重要的问题。社交媒体上的信息可能存在误导、虚假和偏见，人们需要具备辨别和筛选信息的能力。此外，语言和文化差异也可能导致沟通和理解的困难。即使使用即时通讯工具，仍然需要考虑到语言和文化的差异，避免产生误解和歧义。

综上所述，社交媒体和即时通讯在跨文化交际中发挥着重要的作用。

它们为人们提供了一个广泛的文化交流和分享平台，促进了不同文化之间的互动和理解。通过社交媒体和即时通讯，人们能够更直接地了解其他文化的观点、价值观和生活方式，实时交流打破了地域和时间的限制。然而，我们也要意识到社交媒体和即时通讯所带来的挑战和问题，需要在使用中保持谨慎和理性，提高对信息的辨别能力，并尊重和理解不同文化之间的差异。

（二）文化多样性的被认可和受尊重

1. 跨文化教育和培训的重要性

跨文化教育和培训在全球化时代变得尤为重要。它们提供了一种机会，使个人能够了解不同文化的特点、价值观和行为规范。通过学习其他文化的历史、语言、艺术和习俗，我们可以更深入地理解其他文化，并避免对其产生偏见或误解。跨文化教育还可以帮助我们认识到自己的文化背景对我们的思维方式和行为习惯的影响，从而增强我们对其他文化的理解和尊重。

第一，跨文化教育和培训有助于增强文化的认知和理解。通过学习其他文化的历史、价值观、传统习俗和社会行为规范，人们可以更加全面地了解其他文化。这种了解可以帮助我们认识到不同文化之间的差异和多样性，消除对其他文化的偏见和刻板印象，从而促进文化间的相互理解和尊重。

第二，跨文化教育和培训有助于培养跨文化交际能力。在全球化的背景下，人们经常需要与来自不同文化背景的人进行交流和合作。通过接受跨文化教育和培训，我们可以学习到如何有效地与其他文化进行沟通，如何适应和应对文化差异，以及如何构建积极和谐的跨文化关系。这种跨文化交际能力对于个人的职业发展、国际合作都至关重要。

第三，跨文化教育和培训有助于培养全球公民意识。全球公民意识强调个人的责任和参与感，关注全球问题，尊重和关心不同国家和文化之间的联系。通过跨文化教育和培训，我们能够更深入地了解全球问题的复杂性和多样性，培养全球视野和跨文化的关怀意识，从而成为具有全球责任感的公民。

第四，跨文化教育和培训对于促进和平、减少文化冲突也起到了重要作用。通过了解其他文化，人们可以更好地理解和尊重不同文化之间的差异，减少误解和冲突的可能性。跨文化教育和培训也可以培养人们的冲突解决技巧和文化中介能力，帮助他们更好地处理文化间的矛盾和分歧。

综上所述，跨文化教育和培训在全球化时代具有重要的意义。它们不仅有助于增强文化的认知和理解，培养跨文化交际能力，还能培养全球公民意识，促进和平与减少文化冲突。通过跨文化教育和培训，我们能够建立一个更加包容、和谐的全球社会。

2. 对文化差异的理解和尊重

文化差异是指不同文化之间在价值观、信仰体系、行为准则和社会习俗等方面存在的差异。在跨文化交际中，对这些文化的理解和尊重差异是至关重要的。以下将深入论述对文化差异理解和尊重的重要性。

第一，理解文化差异有助于消除刻板印象。文化差异经常导致人们对其他文化产生刻板印象，这种偏见可能导致误解和冲突。通过深入学习和理解其他文化的背景、价值观和行为准则，我们能够消除这些刻板印象，认识到每个文化都有其独特的历史和发展过程，从而减少对其他文化的偏见。

第二，尊重文化差异是建立积极跨文化关系的基础。文化差异反映了人类多样性的重要方面。每个文化都有其自身的价值观和习俗，它们是该文化群体生活和发展的重要组成部分。当我们以尊重和包容的态度对待其他文化时，我们能够建立起互相理解和合作的基础，促进跨文化交流和交流的良好氛围。

第三，理解文化差异有助于提高跨文化交际的效果。不同文化对语言的使用、沟通方式和非语言表达都存在差异。通过学习其他文化的语言和沟通方式，我们能够更好地理解他们的意图和情感表达。此外，了解其他文化的社交礼仪和行为准则，能够帮助我们避免在跨文化交际中出现冲突或造成不适。

第四，对文化差异的理解和尊重有助于促进文化多样性的保护和发展。每个文化都有其独特的传统、艺术形式和知识体系，它们都值得被保护和传承。当我们理解和尊重其他文化时，我们能够为文化的多样性做出贡献，同时也能够从其他文化中获得丰富的经验和启发。

综上所述，理解和尊重文化差异对于有效进行跨文化交际至关重要。它不仅能够消除刻板印象，建立积极和谐的跨文化关系，提高跨文化交际的效果，还能促进文化多样性的保护和发展。因此，我们应该持开放和包容的态度，主动学习和了解其他文化，以建立一个更加和谐、尊重和互相理解的全球社会。

3. 跨文化意识和敏感性的培养

培养跨文化意识和敏感性是提升跨文化交际能力的关键。跨文化意识是指我们意识到不同文化之间的差异，并能够适应和应对这些差异的能力。通过培养跨文化意识，我们可以更好地理解其他文化的背景和特点，并相应地调整自己的行为和沟通方式。同时，跨文化敏感性涉及我们对他人感受和文化背景的敏感度。我们要学会倾听和尊重他人的观点，避免对别人的文化做出主观判断或贬低。

第一，跨文化意识的培养能够增强我们对不同文化的理解和尊重。当我们意识到不同文化之间存在的差异时，我们能够更好地理解其他文化的背景、价值观和行为准则。这种意识使我们能够以开放和包容的态度对待其他文化，避免对其产生刻板印象。通过培养跨文化意识，我们能够建立起互相理解和合作的基础，促进跨文化交流和交流的良好氛围。

第二，跨文化意识的培养有助于适应和应对文化差异。不同文化之间存在着语言、价值观、行为准则等方面的差异，这可能在跨文化交际中带来挑战和冲突。通过培养跨文化意识，我们能够更好地意识到这些差异，并相应地调整自己的行为和沟通方式，以更好地适应不同文化的环境和习惯。这种适应能力使我们能够更顺利地进行跨文化交际，并建立起更紧密的人际关系。

第三，跨文化敏感性的培养能够提高我们对他人感受和文化背景的敏感度。每个人都有自己独特的文化背景和生活经历，他们可能对不同文化的接触和理解存在不同的情感和观点。通过培养跨文化敏感性，我们能够学会倾听和尊重他人的观点，避免对别人的文化做出主观臆断或贬低。这种敏感性使我们能够更好地建立起信任和共情的关系，促进跨文化交际的顺利进行。

第四，跨文化意识和敏感性的培养有助于促进文化多样性的保护和发展。当我们能够意识到不同文化之间的差异并以尊重和包容的态度对待它们时，我们能够为文化的多样性做出贡献。我们可以学习和借鉴其他文化的优点和特点，同时也能够更好地保护和传承自己的文化。这种文化多样性的保护和发展使我们的世界更加丰富多彩，为人类社会的进步和繁荣做出贡献。

综上所述，跨文化意识和敏感性的培养在现今全球化社会中至关重要。它们能够增强我们对不同文化的理解和尊重，帮助我们适应和应对文化差异，提高我们对他人感受和文化背景的敏感度，促进文化多样性的保护和发展。因此，我们应该积极培养和发展自己的跨文化意识和敏感性，以建立一个更加和谐、尊重和互相理解的全球社会。

（三）跨文化交际的全球合作

1. 跨国企业和国际团队的管理

（1）跨文化领导能力

跨文化领导能力在跨国企业和国际团队的管理中起着至关重要的作用。它涉及领导者对文化差异的理解和尊重，以及发展跨文化沟通和协调能力。在跨国企业和国际团队的管理中，领导者需要具备理解和尊重文化差异的能力。这意味着他们首先需要投入时间和精力去了解不同文化的特点、价值观和行为规范。这可以通过学习、研究和与不同文化的人交流来实现。领导者应该尊重和接纳不同文化的差异，避免以自己的文化标准来评判他人。理解文化差异还意味着意识到文化在思维方式、决策方式和工作方式上的影响。不同的文化可能对权威、时间观念、团队合作等方面有不同的看法和偏好。领导者需要意识到这些差异，并以灵活和包容的态度来管理团队。

跨文化沟通和协调能力是跨国企业和国际团队管理中的关键要素。有效的沟通和协调可以促进团队成员之间的理解和合作，避免沟通障碍和冲突。领导者需要学习并掌握多种跨文化沟通技巧，这包括语言的学习，掌握他人的母语可以帮助建立更紧密的关系和更深入的交流。此外，领导者还需要注意非语言沟通的重要性，如身体语言、面部表情和姿态。不同文化对非语言信号的解读可能存在差异，因此领导者需要敏锐地观察和解读团队成员的非语言表达。除了沟通能力，协调能力也是跨文化领导中不可或缺的一部分。领导者需要懂得协调不同文化背景的团队成员之间的冲突和利益平衡。这可能涉及调解不同观点之间的分歧、制定共同的目标和工作计划，以及协调不同团队成员的工作风格和时间观念。为了发展跨文化沟通和协调能力，领导者可以参加跨文化培训和培养计划。这些培训可以帮助他们加深对不同文化的理解，提供实用的沟通和协调技巧，并提供跨文化交流的案例和实践经验。总之，跨文化领导能力是跨国企业和国际团队管理中不可或缺的一部分。理解和尊重文化差异以及发展跨文化沟通和协调能力可以帮助领导者有效地管理团队，提高团队绩效，并建立积极的工作环境。这种能力的发展需要领导者通过不断学习来提升自身的跨文化意识和敏感性。

（2）团队建设和协作

团队建设和协作在跨国企业和国际团队的管理中具有重要意义。它涉及创建开放和包容的工作环境，以及促进团队成员之间的合作和协调。

领导者在跨国企业和国际团队中需要创造一种开放和包容的工作环境，鼓励团队成员分享和尊重彼此的观点和意见。这意味着领导者应该倾听团队成员的意见，对不同的观点持开放的态度，并鼓励积极的讨论和交流。在创造开放和包容的工作环境时，领导者需要重视和尊重团队成员的文化差异。这包括尊重他们的价值观、信仰和行为规范，以及理解他们的工作风格和沟通方式。通过建立一个尊重多样性和文化差异的工作环境，团队成员会感到被重视和认可，从而更有动力地贡献和合作。

团队建设和协作是跨国企业和国际团队成功的关键要素。领导者需要采取措施来促进团队成员之间的合作和协调，确保团队目标的实现。一种有效的方法是建立共同的团队目标和价值观。领导者应该与团队成员一起制定明确的目标，并确保每个成员都理解和认同这些目标。此外，领导者还应该强调团队合作的重要性，并鼓励团队成员之间的互助和支持。此外，领导者需要提供适当的团队协作工具和资源，以便团队成员能够有效地协同工作。这可能包括使用协作平台和工具，提供实时沟通和文件共享的功能，以便团队成员可以方便地交流和合作。在促进团队合作和协调时，领导者还应该积极管理冲突并解决问题。团队成员之间可能存在文化差异和观点分歧，这可能导致冲突和摩擦。领导者需要倾听各方的意见，鼓励有效的沟通和解决冲突的技巧，以确保团队能够以和谐和有效的方式运作。

综上所述，团队建设和协作在跨国企业和国际团队管理中起着关键作用。通过创建开放和包容的工作环境，以及促进团队成员之间的合作和协调，领导者能够提高团队的效能和绩效，并达到组织的目标。这需要领导者具备跨文化敏感性和相应的沟通技巧，并采取适当的措施来促进团队合作和解决冲突。

（3）跨国人力资源管理

跨国人力资源管理是跨国企业和国际团队成功管理的关键要素。它涉及招聘和选拔具备跨文化背景的人才、培训和发展跨文化敏感性和意识，以及管理文化差异和团队多样性的挑战。

在跨国企业和国际团队中，拥有跨文化背景的人才对于有效的跨文化交流和合作至关重要。在招聘和选拔过程中，人力资源管理应该着重考虑候选人的跨文化能力和经验。这包括对候选人的文化敏感性、跨文化沟通技巧和跨文化适应能力进行评估。此外，了解候选人在多元文化环境中的工作经历和成就也是重要的参考因素。

跨国企业和国际团队需要培养员工的跨文化敏感性和意识，以帮助他们更好地理解和适应不同文化背景的团队成员。培训计划可以包括跨文化沟通技巧的提升、文化价值观的理解和尊重，以及解决跨文化冲突的方法。此外，跨国人力资源管理还可以提供跨文化培训课程和资源，帮助员工了解不同国家和地区的文化特点，增强他们的跨文化意识。

跨国企业和国际团队中的文化差异和团队多样性可能会带来挑战，例如不同的工作风格、价值观和沟通方式。人力资源管理需要采取措施来有效管理这些挑战。有效方法之一是建立一个支持多元文化的工作环境，鼓励团队成员分享他们的文化背景和经验。此外，人力资源管理还可以提供跨文化培训和培训课程，帮助团队成员更好地理解和尊重彼此的文化差异。定期组织团队建设活动和跨文化交流活动也有助于促进团队成员之间的合作和理解。

综上所述，跨国人力资源管理在跨国企业和国际团队中起着至关重要的作用。通过招聘和选拔具备跨文化背景的人才、培训和发展跨文化敏感性和意识，以及有效地管理文化差异和团队多样性的挑战，人力资源管理可以帮助组织建立跨文化合作的成功模式，并实现组织的长期发展目标。

2. 跨国合作项目的挑战和解决方案

（1）文化差异和语言障碍

文化差异和语言障碍是在跨国合作项目中常见的挑战之一。为了克服这些挑战，可以采取以下措施：

第一，建立共同的价值观和工作准则。在跨国合作项目中，建立共同的价值观和工作准则是非常重要的。这可以帮助不同文化背景的团队成员建立共同的理解和目标，减少产业误解和冲突的可能性。为了实现这一点，项目组织者和团队成员应该共同制定和沟通项目的核心价值观和工作准则。这些准则应该尊重和包容各种文化背景，并提供一个共同的框架，以便团队成员可以在工作中相互理解和合作。

第二，使用翻译和跨文化培训工具。语言障碍是跨文化合作中常见的挑战之一。为了克服语言障碍，可以使用翻译工具和跨文化培训工具。在线翻译工具和语音识别技术已经相当发达，可以提供实时的语言翻译和沟通支持。这些工具可以帮助团队成员在不同语言之间进行交流，促进信息的传递和理解。此外，跨文化培训工具可以提供关于不同文化背景和行为准则的信息和指导，帮助团队成员更好地理解彼此的文化差异，并提供解决冲突和建立合作关系的方法。

综上所述，建立共同的价值观和工作准则以及使用翻译和跨文化培训工具是解决文化差异和语言障碍的有效方法。这些方法可以帮助跨国合作项目的团队成员之间建立更好的沟通和合作，并确保项目的成功实施。

（2）合作文化和管理风格的差异

①合作文化的差异

合作文化的差异在跨国合作中扮演着重要的角色。每个国家和地区都有其独特的合作文化，这是由历史、价值观、社会结构和教育体系等多种因素所决定的。这种差异会对团队的合作方式和偏好产生影响，并可能导致沟通和理解方面的挑战。

首先，个人主义与集体主义的差异是合作文化差异的一个重要方面。在个人主义文化中，个人独立和竞争的价值观更加突出。团队成员可能更加注重个人的目标和成就，强调个人的权利和自主性。相反，在集体主义文化中，团队的利益和团队合作更受重视。团队成员更倾向于追求集体的成功，并愿意为集体利益做出牺牲。

其次，合作方式和程度也因文化而异。有些文化倾向于直接和坦诚的沟通方式，强调言辞直接、表达明确的沟通风格。这种文化下的团队成员会直接表达自己的意见和需求，寻求明确的回应。而另一些文化则更注重间接和委婉的表达。团队成员可能更倾向于使用暗示和非言语方式来传递信息，避免直接冲突或冒犯他人。

最后，管理权力和决策方式也受到合作文化的影响。在一些文化中，领导者通常会采取较为集中化的管理风格。领导者拥有更多的权力，做出决策并向下传达指示。这种管理风格体现了对权威和等级的尊重。而在另一些文化中，团队成员可能会更多参与决策过程，以此被鼓励集体讨论和共识的形成。领导者可能更注重建立共识和团队合作，以达成决策。

为了应对合作文化差异，跨国团队需要采取一些策略。第一，团队成员应该学习和尊重彼此的文化差异。这包括了解不同文化的价值观、信仰和行为准则。通过对文化背景的理解，团队成员可以更好地理解对方的行为和偏好，减少误解和冲突。第二，跨国团队可以采用灵活的合作方式。这包括尊重不同文化的合作风格，给予团队成员一定的自主权和决策空间。同时，团队成员应该乐于倾听和接纳不同观点，寻求共同理解和解决方案。第三，建立清晰的沟通渠道和规范也是应对合作文化差异的关键。团队成员应该共享信息、提出问题和提供反馈的渠道和机制。这可以通过使用多种沟通工具、定期团队会议以及明确的沟通规范来实现。第四，跨国团队应该鼓励文化交流和跨文化培训。这有助于团队成员增加对不同文化的理解和尊重，并提高他们的跨文化沟通和合作能力。通过共同的培训和学习经验，团队成员可以更好地应对合作文化差异，促进有效的合作关系。总之，合作文化的差异是跨国合作中的重要挑战。了解和尊重不同文化的合作方式和管理风格，采取灵活的合作方式，并建立清晰的沟通渠道和规范，是应对合作文化差异的关键策略。通过跨文化培训和文化交流，团队成员可以增强跨文化的敏感性和合作能力，建立更加和谐、有效的工作关系。

②管理风格的差异

管理风格的差异在跨国合作中具有重要影响。不同国家和地区的管理风格受到文化、历史和社会背景等多种因素的影响。这种差异会对团队的组织结构、决策流程、沟通效率和员工参与度产生显著影响。

首先，领导者对待员工和组织的态度是管理风格差异的重要方面。在一些文化中，领导者通常采取较为指令式的管理风格，做出决策并向下传达指示。这种管理风格体现了领导者对权威和等级的尊重，强调领导者的权力和责任。相反，在另一些文化中，领导者更倾向于采取共识和协商的方式，鼓励团队成员参与决策过程，强调团队的参与和集体智慧。

其次，沟通方式也受到管理风格和文化的影响。一些文化更注重正式和垂直的沟通方式，强调在组织层级结构中的权威性和层级关系。这种文化下的沟通更加正式、规范，信息传递通常经过严密的层级管道。相反，另一些文化则更注重非正式和水平的沟通方式，强调开放和直接的沟通渠道。团队成员更自由地交流和分享信息，减少层级间的沟通阻碍。

最后，领导者与员工之间的权力分配也可能存在差异。在一些文化中，领导者具有更多的权力，决策和权威更加集中化。这种管理风格体现了领导者的权威地位和决策能力，员工更多地接受领导者的指导和管理。而在另一些文化中，权力分配可能更加平等和民主，鼓励员工的参与和自主性。团队成员更有机会参与决策过程，发表意见和贡献想法。

为了应对管理风格的差异，跨国团队需要采取一些策略。第一，团队成员应该了解和尊重不同文化的管理风格。这意味着要理解不同文化中领导者与员工之间的角色关系、权力分配和决策方式。通过了解这些差异，团队成员可以更好地适应和理解他人的行为和期望。第二，建立开放和包容的工作环境可以促进团队成员的参与和合作。这包括鼓励员工发表意见、提供反馈和参与决策过程的机会。领导者应该创造一种安全和相互信任的氛围，让团队成员能够自由和舒适地表达自己的想法和观点。此外，跨文化培训和教育也是解决管理风格差异的有效方法。通过培训和教育，团队成员可以增加对不同文化管理风格的理解，并学习如何适应和应对这些差异。跨文化培训可以提供相关的知识和技能，帮助团队成员建立跨文化沟通和领导能力。

总结来说，管理风格的差异是跨国合作中需要面对的挑战。了解和尊重不同文化的管理风格、创造开放和包容的工作环境，以及进行跨文化培训和教育，是应对管理风格差异的关键策略。通过有效的合作和沟通，跨国团队可以充分发挥各自的优势，实现协同合作，取得共同的成功。

（四）环境可持续性和跨文化交际

1. 跨文化交际对环境保护的影响

跨文化交际对环境保护的影响是多方面的，它可以推动环境意识的提高、分享最佳实践和促进环境合作和联合行动。

首先，跨文化交际可以促进环境意识的提高。当人们接触和了解其他文化时，他们可以了解到不同文化对环境的重视程度和保护方式。这种接触和了解可以激发人们对环境问题的兴趣和关注，帮助他们更好地认识到环境可持续性的重要性。通过与不同文化的人交流，他们可以学习到其他文化对环境的看法和实践，进而拓宽自己的视野，加深对环境问题的认识。

其次，跨文化交际有助于分享环境保护的最佳实践。不同文化和地区在环境保护方面可能具有独特的经验和知识。通过跨文化交流和分享，人们可以了解到其他地区在环境管理、能源利用、废物处理等方面的成功案例和创新做法。这种经验的分享可以为其他地区提供借鉴和启示，促进环境保护工作的改进和创新。例如，一个国家可能在可再生能源的开发和利用方面取得了显著成就，而另一个国家可能在废物处理和循环经济方面有着先进的实践经验。通过跨文化交际，这些经验可以被传播和应用到其他地区，共同推动环境保护的进程。此外，跨文化交际还可以促进环境合作和联合行动。环境问题往往超越国界，需要各国合作共同应对。通过跨文化交际，人们可以建立合作伙伴关系、共享资源协同行动，共同解决环境挑战。合作伙伴关系可以涉及政府、非政府组织、学术机构和企业等不同利益相关者。通过共享资源和信息，各方可以相互支持，共同制定环境保护的策略和行动计划。跨文化交际可以帮助消除文化障碍和误解，促进合作的沟通和协商，形成更加综合和全面的解决方案。这种合作和联合行动对于解决全球性环境问题、保护生态系统和推动可持续发展具有重要意义。

综上所述，跨文化交际对环境保护具有积极的影响。它可以促进环境意识的提高，分享环境保护的最佳实践，并促进环境合作和联合行动。通过跨文化交际，人们可以相互学习、合作和共同努力，为实现全球范围内的环境可持续性做出贡献。

2. 文化和环境可持续性的关联

文化与环境可持续性之间存在紧密的关联。文化是一个社会群体的共同认知、价值观和行为方式的总和，而环境可持续性涉及人类与自然环境之间的和谐共生。文化决定了人们对环境的认知、态度和行为，而环境可持续性的实现需要人们在文化层面上的参与和支持。

首先，文化对于人们对环境的认知和态度具有重要影响。不同文化对环境的重视程度和价值观存在差异。一些文化强调人与自然的和谐共生，将环境视为一种宝贵的资源，需要被保护和传承。这些文化往往强调可持续性和生态平衡，倡导人与自然的和谐发展。而另一些文化可能更注重经济发展和个人利益，对环境的保护和可持续性发展关注较少。因此，理解和尊重不同文化对环境的认知和态度，是促进跨文化环境交流和合作的关键。

其次，文化对于人们在日常生活中的环境行为和决策也具有影响。人们的行为方式、消费习惯和生活方式受到文化的塑造。一些文化倡导简约、低碳和环保的生活方式，鼓励人们减少浪费、节约能源和资源。而另一些文化可能更注重物质消费和享受，对环境造成了较大的压力。因此，通过跨文化交际和教育，可以促进不同文化之间的环境价值观的交流，推动环境友好的生活方式的传播和实践。

最后，文化对于环境教育和意识形态的传递和塑造也具有重要影响。教育是培养和塑造文化的重要途径，而环境教育在培养人们的环境意识和可持续发展的价值观方面起着关键作用。不同文化的教育体系和教育方法对环境教育的内容、重点和方式存在差异。通过跨文化交际和经验分享，可以促进不同文化之间环境教育的互相借鉴和共同发展，推动环境意识的普及和环境价值观的传播。

综上所述，文化与环境可持续性密切相关。文化决定了人们对环境的认知、态度和行为，影响着环境保护的各个方面。通过跨文化交际和合作，可以促进不同文化之间环境价值观的对话和交流，共同推动环境保护的实践和可持续发展的实现。同时，也需要尊重和保护每种文化的独特性，寻求文化多样性与环境可持续性之间的平衡。

3. 跨文化交际在可持续发展中的角色

跨文化交际在可持续发展中发挥着重要的角色。可持续发展要求各国和文化之间的合作和共同努力，以解决全球性的环境和社会挑战。跨文化交际可以为可持续发展提供以下方面的支持：

第一，跨文化交际可以促进知识和技术的传播。不同国家和文化拥有各自的知识和技术，可以为可持续发展提供宝贵的经验和解决方案。通过跨文化交际，这些知识和技术可以被分享、传播和应用到其他地区，促进可持续发展的推进。

第二，跨文化交际有助于建立合作伙伴关系和共同行动。可持续发展需要各方的合作和共同努力，跨文化交际可以促进各国和文化之间的合作伙伴关系的建立和发展。通过合作，可以共享资源、分享责任，共同实现可持续发展的目标。

第三，跨文化交际还有助于增强文化之间的理解和尊重。不同文化对于可持续发展的理解和实践方式可能存在差异，而通过跨文化交际，人们可以相互了解和尊重不同文化的观点和做法。这种理解和尊重可以促进文化之间的对话和合作，避免文化冲突和误解，为可持续发展提供更加广泛和综合的视野。

第四，跨文化交际对于培养全球公民意识和责任也具有重要意义。可持续发展是全球性的挑战，要求每个人都承担起相应的责任。通过跨文化交际，人们可以了解到全球各地的环境和社会问题，认识到自己的行动对他人和地球的影响。这种意识和责任感可以激发个人和社会的行动，共同推动可持续发展的实现。

综上所述，跨文化交际在可持续发展中扮演着重要的角色。它促进了知识和技术的传播，建立了合作伙伴关系，增强了文化之间的理解和尊重，培养了全球公民意识和责任感。通过跨文化交际，我们可以共同努力，实现经济、社会和环境的可持续发展，为当前和未来世代创造一个更加繁荣和可持续的未来。

（五）未来挑战和展望

1. 技术进步对跨文化交际的影响

技术的迅速发展对跨文化交际产生了深远的影响。随着信息和通信技术的进步，人们可以更便捷地进行跨文化交流和合作。互联网、社交媒体、视频会议等技术工具提供了实时沟通和跨越时空的能力，使得跨文化交际变得更加便利和广泛。

技术的进步无疑促进了信息的流动和共享。通过互联网和社交媒体平台，人们可以获取来自世界各地的文化信息、观点和经验。这为跨文化交际提供了更多的资源和机会，帮助人们更好地了解和欣赏不同文化，促进文化的交流和融合。除此之外，技术工具提供了跨文化交流的实时性和互动性。视频会议和即时通讯工具使得人们可以直接面对面地交流，消除了时空的限制。这种实时互动促进了更深入的跨文化交流和理解，有助于解决沟通障碍并促进合作。

然而，技术进步也带来了一些挑战。虽然技术工具方便了跨文化交际，但也可能造成信息过载和虚假信息的传播。此外，技术的使用也可能导致语言和文化的标准化，使得一些独特的文化特征逐渐丧失。因此，在利用技术进行跨文化交际时，人们需要保持批判思维，辨别信息的真实性和可靠性，同时尊重和保护各种文化的多样性。

2. 文化冲突和认同的挑战

跨文化交际面临的一个主要挑战是文化冲突和认同问题。不同文化之间存在差异，这可能导致误解、矛盾和冲突。文化冲突可能源于价值观、信仰、习俗、社会规范等方面的差异，而认同问题涉及个体在跨文化环境中如何建立自我认同和融入他人的文化。

在跨文化交际中，理解和尊重文化差异是至关重要的。人们应该保持开放的心态，学习和接纳不同文化的观点和做法。通过积极倾听和对话，可以促进文化之间的理解。此外，培养跨文化沟通和冲突解决的能力也是应对文化冲突和认同挑战的关键。跨文化教育和培训可以提供相关的知识和技能，帮助人们更好地应对和处理跨文化交际中的冲突和认同问题。

3. 跨文化交际专业的需求和发展

随着全球化的不断深入，对跨文化交际专业的需求也日益增长。跨文化交际专业涉及研究和实践跨文化交际的原理、方法和技巧，在企业和组织中，跨文化交际专业人士可以帮助解决不同文化之间的沟通障碍和冲突，促进团队的协作和跨国业务的发展。他们可以提供文化咨询、培训和翻译服务，帮助组织在跨文化环境中更有效地运营和管理。此外，教育领域也对跨文化交际专业人士的需求越来越高。教育机构需要专业人士来开展跨文化教育和培训，培养学生的跨文化意识和能力。跨文化交际专业人士还可以在国际交流项目和留学生服务中发挥重要作用，为国际学生提供支持和指导。

在全球化和多元文化的发展中，跨文化交际专业的发展也将不断推进。专业人士需要具备深入的跨文化理解和敏感度，以及有效的沟通和解决问题的能力。此外，他们还需要不断更新知识和技能，紧跟科技和社会的发展，以适应不断变化的跨文化交际需求。总体而言，未来的挑战和展望需要我们通过关注技术进步对跨文化交际的影响，解决文化冲突和认同问题，以及满足跨文化交际专业的发展需求。通过积极实践跨文化交际，我们可以促进文化间的理解与合作，为可持续的全球发展做出贡献。

三、翻译人才培养的未来挑战和机遇

（一）翻译人才培养面临的挑战

1. 多语言能力的培养

多语言能力的培养对于翻译人才来说至关重要。在跨文化视野下，翻译人才需要掌握多种语言，以便能够准确翻译和传达信息。然而，翻译人才学习和掌握多种语言是一个具有挑战性的过程，需要经过系统性的培养并掌握有效的学习方法。

首先，多语言能力的培养需要通过系统的语言学习来实现。翻译人才可以选择参加专业的语言培训课程，例如语言学校或专业的语言学习机构。这些课程可以提供良好的语言学习环境，帮助学习者掌握语言的基本知识，如词汇、语法和发音等。除了正式的语言培训，自主学习也是培养多语言能力的重要途径。翻译人才可以利用各种学习资源，如语言学习书籍、在线课程、语言交流平台等，进行自主学习。自主学习可以根据个人的学习节奏和兴趣进行，帮助翻译人才深入学习和掌握目标语言。

其次，在多语言能力的培养过程中，翻译人才积极参与语言实践是至关重要的。翻译人才可以参加语言交流活动，如语言交换会、语言学习群组等，与母语人士进行真实的对话。这样可以提高语言听说能力，并增强对目标语言的理解和应用能力。

最后，在多语言能力的培养过程中，翻译人才了解目标语言所属文化背景也是至关重要的。语言与文化密切相关，翻译人才需要了解目标语言的文化特点、社会习俗、历史背景等，以便更好地理解和传达文化内涵。翻译人才可以通过阅读文学作品、观看电影、参观展览等方式来深入了解目标语言所属文化。

2. 跨文化理解的培养

跨文化理解是翻译人才培养中的一个关键方面。在进行翻译工作时，翻译人才理解和传达文化内涵是至关重要的，而文化差异的复杂性使得翻译人才在跨文化理解方面成为一个必须面对的问题。

文化差异的复杂性是跨文化理解的主要挑战之一。每个文化都有其独特的价值观、信仰体系、社会习俗和语言表达方式。这些差异经常会导致语言和行为之间的误解。翻译人才需要学习和了解不同文化的特点，以便能够准确地理解和传达文化内涵。

准确理解和传达文化内涵是一个复杂而微妙的任务。文化内涵包含了文化特有的意义、象征和隐喻，这些往往无法直接翻译成其他语言。翻译人才需要具备广博的背景知识和高度的文化敏感度，以便能够在翻译过程中捕捉和传达原文所蕴含的文化内涵。这需要对目标语言和文化的深入了解，并且需要灵活运用翻译策略和技巧，以保持原文的意义和风格。

3. 技术与自动化的影响

技术和自动化对翻译行业产生了深远的影响，翻译人才需要面对机器翻译技术的发展和人工智能对翻译工作的潜在冲击。

在当今世界，机器翻译技术的发展与应用已经在翻译领域得到广泛应用。机器翻译技术使用计算机和人工智能算法来自动进行翻译，通过大数据和机器学习等技术手段来提高翻译的效率和准确性。这些技术可以处理大量的文本，并且在某些领域的翻译中已经达到了相对较高的质量水平。对于大规模的、重复性高的文本翻译任务，机器翻译可以提供快速且成本低廉的解决方案。

另一个必须正视的问题是，人工智能对翻译工作可能产生潜在冲击。随着人工智能技术的快速发展，自然语言处理和机器学习算法在翻译领域的应用不断增加，这引发了翻译人才对于自动化翻译的潜在冲击的担忧。尤其是在处理简单和标准化的翻译任务时，机器翻译系统已经展现出相当的准确性和效率，这使得一些翻译人才担心自己的工作可能会被机器所取代。然而，虽然机器翻译技术取得了一定的进展，但目前仍存在许多限制。语言的复杂性、语言的多义性、文化和背景知识的重要性等问题使得自动化翻译难以达到人类翻译的准确性和质量。因此，翻译人才应该意识到机器翻译技术的局限性，并寻找应对的策略。

（二）跨文化交际对翻译人才培养带来的机遇

1. 文化交流的增加

在全球化的背景下，文化交流的增加为翻译人才培养带来了丰富的机遇。随着全球化进程的加速和跨国交流的日益频繁，不同国家、地区和文化背景的人们之间的交流需求也大大增加。在这样的背景下，翻译人才在跨文化交际中扮演着关键角色，促进了不同文化背景的人们之间的有效沟通。

首先，文化交流的增加为翻译人才提供了更多与不同文化背景的人接触和学习的机会。作为翻译人才，他们经常需要与来自不同文化背景的人们合作和交流，翻译不仅仅是语言的转换，还包括对文化差异的理解和适应。通过与不同文化背景的人们接触和合作，翻译人才能够深入了解各种文化的价值观、习俗、社会背景等，拓宽自己的跨文化视野和认知。

其次，文化交流的增加为翻译人才提供了更多的实践机会。跨文化交际是一个复杂的过程，需要翻译人才具备良好的语言能力、文化理解能力和沟通技巧。通过参与跨文化交流活动，如国际会议、文化交流活动、商务谈判等，翻译人才可以在实践中不断提升自己的跨文化交际能力。这些实践机会不仅可以加强翻译人才与不同文化背景的人们的互动，还能让他们更好地应对跨文化交际中的挑战，提高自己的翻译水平。

最后，文化交流的增加也为翻译人才提供了更多的专业发展机会。随着跨文化交流需求的增加，翻译行业的发展也呈现出多样化和专业化的趋势。翻译人才可以选择在特定领域深耕，如商务翻译、法律翻译、医学翻译等，提供专业化的翻译服务。在这些特定领域中，翻译人才需要深入了解相关的专业知识和术语，并结合自己的翻译技能将专业素养与领域专长相结合，以提供高质量的翻译服务。随着文化交流的增加，各个领域对翻译人才的需求也在不断增长。例如，在跨国企业的经营过程中，需要翻译人才翻译商务文件、合同和营销材料等，这就要求翻译人才具备商务领域的专业知识和术语。同样地，在法律、医学、科技等领域，对翻译人才的专业素养和行业知识要求也越来越高。因此，翻译人才有机会通过不断学习和积累，成为具备领域专长的专业翻译人才，为不同领域的交流提供准确、流畅的翻译服务。

2. 跨国合作的机会

在跨国合作项目中，翻译人才具备独特的机会。随着全球经济的一体化，跨国企业之间的合作越来越频繁，各国之间的商务交流也变得更加紧密。翻译人才在这些合作项目中扮演着关键的角色，帮助不同国家和地区的合作伙伴进行信息交流、商务谈判与合作协调。

首先，翻译人才在跨国合作项目中担任着重要的桥梁角色。他们负责将各方的观点、意见和要求进行准确翻译，确保沟通的顺畅和准确。翻译人才需要具备出色的语言能力和跨文化交际技巧，能够准确地传达各方的意图和要求，解决语言障碍，促进双方的相互理解与合作。

其次，跨国合作项目为翻译人才提供了广泛的专业发展机会。在这些项目中，翻译人才可以接触到不同行业和领域的专业知识，拓展自己的专业素养。他们需要了解不同行业的术语和标准，熟悉相关行业的规则。通过参与跨国合作项目，翻译人才可以不断积累经验，提高自己在特定领域的专业知识和翻译能力，进而提升自己在行业中的竞争力。

最后，跨国合作项目也为翻译人才提供了广阔的人际交往机会。在合作项目中，翻译人才经常与来自不同国家和文化背景的合作伙伴进行合作和交流。这为他们建立国际性的人际关系网络提供了良好的机会，有利于拓展人脉资源。通过与不同背景的合作伙伴互动，翻译人才可以更好地理解各国的商务文化和交际习惯，提升自己的跨文化交际能力。

综上所述，跨国合作项目为翻译人才带来了丰富的机会。他们在这些项目中扮演着重要的桥梁角色，帮助各方进行信息交流和商务谈判。通过参与跨国合作项目，翻译人才能够拓展自己的专业发展，不仅可以提升自己的翻译技能和跨文化交际能力，还可以深入了解不同行业和领域的专业知识，为自己在行业中的竞争提供更多的优势。此外，跨国合作项目还为翻译人才提供了广泛的人际交往机会，能够建立国际性的人脉网络，增强自己在跨文化环境中的社交能力。

3. 提供丰富的就业机会和发展空间

随着跨国公司的不断扩张，对于翻译人才的需求也日益增长。这些公司需要翻译人才为其进行文档翻译、会议翻译、商务谈判翻译等工作，以确保公司在不同文化环境下的顺利运营和沟通。这为翻译人才提供了丰富的就业机会和发展空间。

在就业方面，翻译人才可以选择专注于某个特定领域，如法律、医疗、科技、金融等，成为专业领域的翻译专家。随着各行各业的国际化和专业化，对具备行业背景知识和翻译技能的翻译人才的需求也越来越大。他们可以成为特定领域的翻译顾问，为企业和组织提供专业的翻译服务。此外，翻译人才还可以选择在教育和培训领域从事翻译教育和培训工作，培养更多具备跨文化交际和翻译能力的人才。除了就业机会，翻译人才还可以通过不断学习来提升自己的专业素养，用以开拓更广阔的发展空间。他们可以参与专业翻译协会和组织，参加学术研讨会和培训课程，与其他翻译人才进行交流和合作。这有助于扩展自己的专业网络，与行业内的专家建立联系，并获取更多的学习和职业机会。此外，翻译人才还可以考取相关的翻译认证，提升自己的专业认可度和竞争力。

总的来说，跨文化交际为翻译人才提供了丰富的就业机会和发展空间。他们可以在跨国公司、国际组织、翻译机构等领域找到就业机会，也可以选择专注于特定领域的翻译工作。通过不断学习和提升自己的专业素养，翻译人才可以开拓更广阔的发展空间，并在行业中取得成功。同时，翻译人才也可以利用数字技术和互联网平台，开展远程翻译工作，拓展合作范围和客户群体。这为翻译人才提供了更大的灵活性和自由度，使他们能够与全球范围内的客户和合作伙伴进行远程合作。此外，随着人工智能和机器翻译技术的不断发展，翻译人才还可以与这些技术进行合作和互补，提高翻译效率和质量。

4. **跨文化交际技能的备受认可**

跨文化交际能力在现代社会中变得越来越重要，这也使得具备跨文化交际技能的翻译人才备受认可。翻译人才可以通过展示自己的跨文化交际能力和专业素养，提高自己在翻译行业中的声誉和竞争力。首先，具备跨文化交际技能的翻译人才能够更好地理解不同文化之间的差异和共同点，从而更准确地传达信息和意义。他们能够敏锐地捕捉到不同文化背景下的语言、表达方式和价值观念的差异，并将其融入到翻译工作中。这样的能力使得他们能够为客户提供更具深度和准确性的翻译服务，获得客户的认可和信任。其次，对跨文化交际技能的认可也可以体现在专业认证和资质方面。一些国际性的翻译认证机构和专业协会，如国际翻译与口译联合会（International Federation of Translators，简称FIT）和美国翻译协会（American Translators Association，简称ATA），为具备跨文化交际能力的翻译人才提供认证和会员资格。这些认证和资质不仅可以证明翻译人才的专业素养和语言能力，也是对其跨文化交际能力的认可。此外，全球化背景下的企业和组织越来越重视跨文化交际能力，特别是在国际业务和文化交流方面。他们更倾向于与具备跨文化交际技能的翻译人才合作，以确保在不同文化背景下的有效沟通和顺利合作。因此，具备跨文化交际技能的翻译人才有更多的机会与全球企业和组织建立合作关系，并在各种领域和行业中获得就业机会和发展空间。最后，对跨文化交际技能的认可还体现在个人品牌和口碑方面。具备跨文化交际技能的翻译人才能够在行业内建立良好的声誉和口碑。通过提供高质量的翻译服务，满足客户的需求并超越期望，他们可以积累良好的口碑和客户推荐，进一步扩大自己的客户群体和合作机会。

总而言之，跨文化交际技能的备受认可为翻译人才带来了广阔的机遇。通过展示自己的跨文化交际能力，翻译人才可以提高自己在行业中的声誉和竞争力，获得更多的就业机会和发展空间。同时，跨文化交际技能的备受认可也为翻译人才带来了更多的专业发展机会。他们有机会参与跨文化项目和活动，拓宽自己的经验和知识领域。他们可以与来自不同国家和地区的专业人士合作，共同解决跨文化交际中的挑战，提供更加全面和精准的翻译服务。

参考文献

一、专著

［1］BELL R. Translation and Translating: Theory and Practice［M］. London/New York: Longman，1991.

［2］CAMBELI, STUART. Translation into the Second Language［M］. New York: Longman，1998.

［3］CHESTENMAN, WAGHER E. Can Theory Help, Translators? — A Dialogue Herween the Tower and the Wordface.［M］. 北京：外语教学与研究出版社，2006.

［4］GIDEON T. Descriptive Translatson Studies and Beyond［M］. Amsterdam: John Benjamins Publishing Company, 1995.

［5］艾利斯·哈里斯，莱尔·坎贝尔. 历史句法学的跨语言视角［M］.吴福祥，译. 北京：世界图书出版公司，2007.

［6］陈国明. 跨文化交际学［M］. 上海：华东师范大学出版社，2009.

［7］弗朗茨·博厄斯. 种族、语言与文化［M］. 余华，译. 上海：上海译文出版社，2022.

［8］关世杰. 跨文化交流学：提高涉外交流能力的学问［M］. 北京：

北京大学出版社，1995.

［9］哈罗德·拉斯维尔. 社会传播的结构与功能［M］. 何道宽，译. 北京：中国传媒大学出版社，2013.

［10］胡文仲主编. 跨文化交际面面观［M］. 北京：外语教学与研究出版社，1999.

［11］霍姆斯. 社会语言学导论［M］. 孙金华，译. 北京：世界图书出版公司，2011.

［12］贾艳萍，李恒平. 跨文化交际能力评估研究［M］. 四川大学出版社，2013.

［13］贾玉新. 跨文化交际学［M］. 上海：上海外语教育出版社，1997.

［14］柯威. 跨文化商务交际［M］. 重庆大学出版社，2017.

［15］诺姆·乔姆斯基. 句法结构［M］. 陈满华，译. 北京：商务印书馆，2022.

［16］诺姆·乔姆斯基. 语言与心理［M］. 牟小华，侯月英，译. 北京：华夏出版社，1989.

［17］任晓霏，刘锋，余红艳. 跨文化交际与国际中文教育［M］. 南京东南大学出版社，2019.

［18］隋虹. 跨文化交际：理论与实践［M］. 武汉大学出版社，2018.

［19］隋虹. 跨文化交际与文化习俗［M］. 武汉大学出版社，2016.

［20］孙英春. 大众文化：全球传播的范式［M］. 北京：中国传媒大学出版社，2005.

［21］王朝杰. 大学英语翻译理论与实践研究［M］. 新华出版社，2020.

［22］王建开. 中国当代文学作品英译的出版与传播［M］. 上海：复旦大学出版社，2020.

［23］王建平. 语言交际中的艺术：语境的逻辑功能［M］. 北京：求实出版社，1989.

［24］王希杰. 修辞学通论［M］. 南京：南京大学出版社，1996.

［25］威廉・冯・洪堡特. 论人类语言结构的差异及其对人类精神发展的影响［M］. 姚小平，译.北京：商务印书馆，1997.

［26］韦尔伯・施拉姆，威廉・波特. 传播学概论［M］. 何道宽，译. 北京：中国人民大学出版社，2010.

［27］韦尔伯・施拉姆. 美国传播研究的开端：亲身回忆［M］. 王金礼，译. 北京：中国传媒大学出版社，2016.

［28］武光军. 翻译教学中的学习者因素研究［M］. 上海：上海交通大学出版社，2018.

［29］邢丽华，杨智新. 商务英语翻译理论与实践应用探索［M］. 新华出版社，2015.

［30］徐翁宇，王冬竹主编. 语言学：21世纪展望［M］. 西安：陕西师范大学出版社，2000.

［31］许静. 传播学概论［M］. 北京：清华大学出版社，2007.

［32］许钧，穆雷. 翻译学概论［M］. 南京：译林出版社，2009.

［33］杨传礼，王路主编. 大学英语词汇用法词典［M］. 哈尔滨：哈尔滨工业大学出版社，1996.

［34］袁卓喜，杨棣华. 外语教学与翻译研究［M］. 中国人民大学出版社，2016.

［35］邹申主编. 语言测试［M］. 上海：上海外语教育出版社，2005.

［36］邹振环. 译林旧踪［M］. 南昌：江西教育出版社，2000.

二、期刊及论文

［1］HARRIS B, SHERWOOD B. Translating as an innate skill［C］// GERVER D,GERVER H, SINAIKO W,et al. Language, Interpretation and Communication. New York and London: Plenum Press, 1978:155–170.

［2］陈熙. 全球化背景下大学生跨文化交际能力提升策略研究［J］.湖北开放职业学院学报，2023，36（09）：40–41+44.

［3］陈霞，王淑婷，鄢秀. 语言服务促翻译人才培养口述影像助翻译多维研究［J］. 西北成人教育学院学报，2023（03）：70–76.

［4］程龙姣. 跨文化交际视域下旅游景点翻译中“归化”与“异化”应用探究［J］. 海外英语，2021（19）：190–191.

［5］符公超. 跨文化交际视角下的对外汉语初级阶段文化因素导入探究［J］. 汉字文化，2022（24）：89–92.

［6］高桂芳. 跨文化交际视域下外语教育本土文化意识培养［J］. 河北开放大学学报，2023，28（01）：61–65.

［7］宫敬沛. 熟知中西文化差异，提升跨文化交际能力［J］. 国际公关，2022（24）：28–30.

［8］古俊伟. 外语专业跨文化交际融入中国国际传播的探讨［J］. 东南传播，2022（12）：111–113.

［9］郝小磊. 跨文化交际视角下汉英翻译归化与异化策略选择［J］. 汉字文化，2023（02）：159–161.

［10］何秋燕. 基于岗位要求的商务翻译人才培养探析［J］. 海外英语，2022（10）：18–19+22.

［11］贺琨. 项目导向教学模式下高校英语翻译人才培养策略研究［J］. 英语广场，2022（12）：106–108.

［12］江金波，祝东江. 跨文化交际视阈下的翻译研究［J］. 汉江师范学院学报，2022，42（06）：122–126.

［13］李国辉. 基于互联网的高校商务英语翻译人才培养［J］. 山西财经大学学报，2023，45（S1）：202–204.

［14］林丽榕. “一带一路”背景下高校国际化人才跨文化交际能力培养思考［J］. 海峡科技与产业，2023，36（04）：9–11.

［15］刘璐. 顺应理论视域下翻译教学研究［J］. 英语广场，2023（07）：101–104.

［16］刘艳春，王钢. 新文科理念下“语言+技术”翻译人才培养的思考与探索［J］. 黑龙江教育（理论与实践），2023（05）：5–8.

［17］马珺，李鑫，童芷遥，钱丽雯，孙羽甜. 高校翻译人才跨文化意识研究［J］. 海外英语，2023（08）：84–86.

［18］钱秀荣. 英美文学跨文化意识养成的意义研究［J］. 中国民族博览，2022（23）：176–178.

［19］谭莉. 商务英语教学与商务文化意识的培养路径研究［J］. 吉林广播电视大学学报，2023（01）：149–151.

［20］王欢. 生态翻译学视角下的英语翻译教学研究［J］. 佳木斯职业学院学报，2023，39（04）：61–63.

［21］王慧，祁文慧. 翻译能力与跨文化意识的关系［J］. 英语广场，2023（05）：28–31.

［22］王珊琪，贯丽丽. 新闻英语翻译与跨文化意识［J］. 作家天地，2022（33）：126–128.

［23］王婷婷. 跨文化交际视角下英汉翻译归化与异化策略选择［J］. 鄂州大学学报，2022，29（02）：33–35.

［24］王鑫. 跨文化交际视角下的商务英语翻译研究［J］. 海外英语，2022（10）：45–46.

［25］王一荃. 跨文化交际视角下的文化迁移探索［J］. 校园英语，2023（18）：190–192.

［26］吴永泽，高珍，乔盼盼. 应用型高校大学生跨文化交际能力实证分析［J］. 海外英语，2023（08）：179–181.

［27］袁弯弯. “渗透式”跨文化交际能力培养模式构建研究［J］. 科教导刊，2023（08）：134–136.

［28］张静，赵生学. 跨文化交际下英语翻译策略研究［J］. 黑龙江工业学院学报（综合版），2022，22（06）：128–132.

［29］赵丹. “语言能力+思辨能力+跨文化交际能力”目标导向下外语人才国际传播能力培养研究［J］. 英语广场，2022（26）：85–89.

［30］周晶，楚军. 翻译人才口译能力培养的数智化监测机制研究［J］. 外语教学，2022，43（06）：107–112.